JOGOS DIGITAIS,
gamificação
e
autoria de jogos na educação

Dados Internacionais de Catalogação na Publicação (CIP)
(Jeane Passos de Souza – CRB 8ª/6189)

Sanches, Murilo Henrique Barbosa
    Jogos digitais, gamificação e autoria de jogos na educação / Murilo
Henrique Barbosa Sanches. – São Paulo : Editora Senac São Paulo, 2021.

Bibliografia.
ISBN 978-65-5536-592-4 (impresso/2021)
e-ISBN 978-65-5536-593-1 (ePub/2021)
e-ISBN 978-65-5536-594-8 (PDF/2021)

1. Educação 2. Aprendizagem baseada em jogos digitais 3. Aprendizagem
assistida por computador 4. Jogos digitais : Processo ensino-aprendizagem
5. Metodologia ativa de aprendizagem 6. Recursos didáticos I. Título.

21-1251t   CDD – 371.397
                                                 BISAC EDU029030

Índice para catálogo sistemático:
1. Aprendizagem baseada em jogos digitais 371.397

Murilo Henrique Barbosa Sanches

e

autoria de jogos na educação

São Paulo – Editora Senac São Paulo – 2021

ADMINISTRAÇÃO REGIONAL DO SENAC NO ESTADO DE SÃO PAULO
Presidente do Conselho Regional: Abram Szajman
Diretor do Departamento Regional: Luiz Francisco de A. Salgado
Superintendente Universitário e de Desenvolvimento: Luiz Carlos Dourado

EDITORA SENAC SÃO PAULO
Conselho Editorial: Luiz Francisco de A. Salgado
 Luiz Carlos Dourado
 Darcio Sayad Maia
 Lucila Mara Sbrana Sciotti
 Luís Américo Tousi Botelho

Gerente/Publisher: Luís Américo Tousi Botelho
Coordenação Editorial: Verônica Pirani de Oliveira
Prospecção: Andreza Fernandes dos Passos de Paula
 Dolores Crisci Manzano
 Paloma Marques Santos
Administrativo: Marina P. Alves
Comercial: Aldair Novais Pereira
Comunicação e Eventos: Tania Mayumi Doyama Natal
Coordenação de Revisão de Texto: Marcelo Nardeli
Coordenação de Arte: Antonio Carlos De Angelis

Edição e Preparação de Texto: Heloisa Hernandez, Eloiza Mendes Lopes
Revisão de Texto: ASA Comunicação e Design
Projeto Gráfico e Editoração Eletrônica: Veridiana Freitas
Capa: Veridiana Freitas
Imagem de Capa: Adobe Stock Photos
Impressão e Acabamento: Visão Gráfica

Esta publicação traz uma análise independente dos jogos e aplicativos mencionados, com o objetivo de destacar as melhores iniciativas quanto ao uso de tais recursos na educação, sem vínculo com qualquer marca citada no texto.

Proibida a reprodução sem autorização expressa.
Todos os direitos desta edição reservados à
Editora Senac São Paulo
Rua 24 de Maio, 208 – 3º andar
Centro – CEP 01041-000
Caixa Postal 1120 – CEP 01032-970 – São Paulo – SP
Tel. (11) 2187-4450 – Fax (11) 2187-4486
E-mail: editora@sp.senac.br
Home page: http://www.livrariasenac.com.br

© Editora Senac São Paulo, 2021

Sumário

Nota do editor, 7
Introdução, 9
O jogo: conceitos básicos, 13
De Yu-Gi-Oh! ao Grok, 21
Gamificação, 39
Jogos na educação, 91
Autoria de jogos na educação, 125
A fase do chefão, 157
Fim de jogo, 163
Referências, 165

NOTA DO EDITOR

Com base em sua experiência como professor, consultor educacional e especialista na área, Murilo Sanches correlaciona neste livro dois de seus temas prediletos, os jogos e a educação, demonstrando-nos como os jogos podem contribuir com novas experiências de aprendizado em sala de aula.

Assim, o autor nos apresenta primeiramente o aspecto conceitual dos jogos, desde a teoria do Círculo Mágico, de Johan Huizinga, que compara o mundo real com um espaço imaginário de regras próprias, aos preceitos de Christopher Crawford, contemporâneo aos jogos digitais, que atualizou esse estudo. Em contexto pedagógico, Murilo detalha três experiências de jogo que podem ser trabalhadas em atividades escolares, fazendo uso dos jogos digitais, da gamificação e da criação dos jogos em si, pelos próprios alunos. Para ilustrar como se dá na prática o uso dessa metodologia ativa de aprendizagem, professores que já adotaram os jogos como recurso didático relatam os resultados que obtiveram junto aos estudantes.

Com este lançamento, o Senac São Paulo tem como objetivo oferecer subsídios para atender às múltiplas inteligências e habilidades dos alunos, ampliando as possibilidades de aquisição de conhecimento e desenvolvimento pessoal, por meio dos jogos, em ambiente educacional.

INTRODUÇÃO

Poucas coisas me lembram tanto a infância quanto jogos, analógicos ou digitais. Para mim, eles têm um componente de diversão, motivação e engajamento que parece quase mágico.

Minhas primeiras memórias envolvem o pequeno Murilo de 4 anos, no fim dos anos 1990, assoprando uma fita e a colocando no Super Nintendo que havia ganhado de aniversário. Depois desse ritual, eram horas e horas de diversão, nas quais eu era transportado para um mundo fantasioso, com suas próprias regras e seu próprio tempo.

Parecia que o mundo real nem existia. Minhas únicas preocupações eram aquelas fases, a tensão e a alegria que os diversos momentos do jogo me traziam.

A partir daí, passei por diversas gerações de consoles. O mercado de jogos mudou e se tornou uma potência tão relevante[1] quanto o mercado do cinema. Apesar de todas essas mudanças, o que se manteve idêntica foi minha sensação ao ligar um videogame: sempre mágico.

Essa paixão pela mídia me levou a cursar jogos digitais na graduação, a estudar gamificação na educação em uma iniciação científica, a fazer um mestrado envolvendo jogos de entretenimento na educação, a cursar uma especialização em educação

---

[1] Saiba mais em: https://techcrunch.com/2019/01/22/video-game-revenue-tops-43-billion-in-2018-an-18-jump-from-2017/. Acesso em: 15 jul. 2020.

e tecnologias com habilitação em jogos e gamificação e a fundar a minha empresa de assessoria educacional, que tem entre seus focos os jogos e a gamificação.

Com esse conhecimento em mãos e a pesquisa crescendo no dia a dia, foi possível racionalizar várias das coisas que sentia quando criança e que se mantinham vivas dentro de mim desde aquela época. Tudo começou a fazer mais sentido!

Assim, a ideia de escrever um livro estruturando e compartilhando esses conteúdos começou a tomar forma lentamente e me provocar, dia após dia – afinal, se eu utilizo e compartilho esses conhecimentos em minhas aulas, seria interessante compartilhar também por meio de um livro.

Esta publicação, portanto, foi pensada com bastante carinho para resumir a minha trajetória pelo mundo dos jogos e da educação, traçando da maneira mais simples e informativa possível esses dois assuntos. Nela abordaremos inicialmente alguns conceitos de jogos para que seja mais fácil acompanhar o livro, para depois nos aprofundarmos no debate sobre gamificação, jogos digitais e, por fim, autoria de jogos.

Para todos os temas, traremos a visão de quem realmente aplicou essas metodologias em sala de aula, passando da teoria à prática, indicando ferramentas e estratégias pedagógicas que irão auxiliar qualquer professor a incorporar esses conceitos em suas atividades.

Embarque comigo nesta aventura!

O JOGO:
conceitos básicos

Tente se lembrar de reuniões sociais, com amigos, família e colegas, nas quais os jogos tornavam a relação entre as pessoas mais leve, mudando a atmosfera do ambiente. Isso muito provavelmente acontecia em razão dos jogos, de seus benefícios, do ambiente que o próprio jogo propicia aos seus jogadores.

Ao nos debruçarmos sobre esse tema, é quase impossível deixar de falar de Johan Huizinga, pesquisador que aparece como o estado da arte absoluto no que diz respeito a jogos e cultura.

Huizinga foi um historiador e linguista holandês que, em sua obra mais famosa, *Homo ludens* (2005), abordou o jogo como fenômeno cultural. Huizinga faleceu em 1945, o que me leva a pensar que ele nunca viu o fenômeno que os jogos se tornaram, e apesar de ter escrito a obra quase um século atrás, ela continua atual. Me pergunto o que ele teria a dizer se fosse nosso contemporâneo do século XXI.

O pensamento do linguista se baseia no argumento de que o jogo é inato ao homem, aos animais, e que, a partir dele, foi desenvolvida a cultura. Em uma de suas frases mais célebres, ele estatiza essa importância.

> *A existência do jogo é inegável. É possível negar,*
> *se quiser, quase todas as abstrações: a justiça,*
> *a beleza, o bem, Deus. É possível negar-se a*
> *seriedade, mas não o jogo.* (HUIZINGA, 2005)

Com base nessa poderosa afirmação, começamos a pensar e percebemos que animais jogam, que crianças pequenas criam seus simplórios jogos e ambos se entretêm, assim como nós. Pense um pouco sobre o papel do jogo, do lúdico na sua vida, e você perceberá como ele está presente ao longo de sua história.

Para mim, tudo isso fez muito sentido, afinal, minhas primeiras memórias envolvem o jogo, e é muito provável que já jogasse antes mesmo de conseguir me lembrar, o que é fascinante de ser pensado, que é uma habilidade que emerge, como Huizinga diz, "inata ao homem".

Fui levado a pesquisar melhor, então, o que seria o jogo, ainda sem pretensões voltadas à educação, ao que era o jogo em sua forma "natural".

> *O jogo é uma atividade ou ocupação voluntária,*
> *exercida dentro de certos e determinados limites*
> *de tempo e de espaço, segundo regras livremente*
> *consentidas, mas absolutamente obrigatórias,*
> *dotado de um fim em si mesmo, acompanhado de um*
> *sentimento de tensão e de alegria e de uma consciência*
> *de ser diferente da "vida cotidiana".* (HUIZINGA, 2005)

As citações de Huizinga podem parecer complexas à primeira leitura, mas basta um pouco de paciência e análise que, aos poucos, vamos quebrando-as em pedaços menores e mais compreensíveis. Ao ler essa citação de Huizinga quase quinze anos depois de jogar pela primeira vez em meu Super Nintendo, ela me trouxe uma série de pensamentos e reflexões que foram pouco a pouco amadurecendo dentro de mim.

Comecei a pensar no Super Mario World, que tanto jogava. Eu estava ali voluntariamente (e queria muito, inclusive). Aquele jogo tinha limites de espaço criados pelo cenário e limites de tempo em algumas fases (nem me lembre dos temidos limites de tempo!). As regras iam emergindo ao longo do jogo e eram perceptíveis, e, como um bom jogador, eu as seguia à risca! O sentimento de tensão estava lá cada vez que eu via o vilão Bowser, e o de alegria, a cada mundo completado, o que, sem dúvida, era totalmente diferente da vida cotidiana.

Ver ciência, pesquisa e seriedade em um jogo do Super Mario mudou minha perspectiva para sempre. De um momento para o outro, o jogo se tornou um objeto de estudo, analisável sob diversas ópticas e métricas.

Comecei a entender que os jogos têm poder, são capazes de contar histórias, entreter, inspirar, entre muitos outros benefícios. Jogar se tornou coisa séria!!!

FIGURA 1
Pelo controle do Super Nintendo eu acessava esse universo incrível e mágico!

FONTE:
UNSPLASH – DEREK STORY.

Apliquei esse pensamento a jogos de tabuleiro, a brincadeiras com os amigos, e tudo possuía aderência maior ou menor ao que Huizinga havia dito. Era maluco pensar em como tudo seguia o mesmo padrão.

Huizinga tem um conceito chamado "círculo mágico", que "de modo simplificado", é um ambiente com limitações imaginárias no qual as regras e os contextos de um jogo fazem sentido.

Então, por exemplo, eu posso estar em um ambiente de grama e chutar uma bola em uma rede sem grandes pretensões, porém, caso eu esteja no contexto de um jogo de futebol, aquela grama é um campo, e a ação de chutar uma bola em uma rede configura um gol, já que o futebol pontua dessa maneira.

O círculo mágico explica essa sutil relação entre o mundo real e o mundo do jogo, na qual, apesar de não existirem barreiras físicas ou algum aviso, os participantes sabem que estão em um jogo, com suas regras e outras características inerentes. Curioso, não é?

FIGURA 2
Teoria do Círculo Mágico.

FONTE: ADAPTADO DE AYRES (2016).

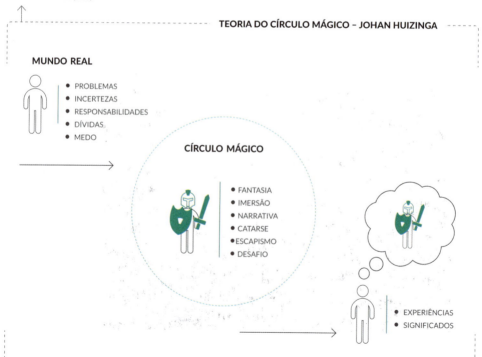

De acordo com Huizinga (2005), "o jogo deve possuir limites de tempo e de espaço e possuir, acima de tudo, um caminho e sentidos próprios". Então, ainda aproveitando o exemplo do jogo de futebol, temos a quadra como limite físico, os 90 minutos de jogo como limitação de tempo, e o sentido de vencer o outro time com milhares de passagens de bola até a marcação de um número maior de gols do que o adversário.

Em Super Mario Bros, a noção de espaço muda um pouco, já que é um espaço digital. Limitado por uma programação, o personagem vai até onde os criadores definiram. O tempo pode ser imposto em fases com contagem regressiva, e, pelo fato de o próprio jogo não ser infinito, o número de fases é preestabelecido. Elementos como sentido estão presentes por meio da missão do herói principal: salvar a Princesa Peach.

Continuei aplicando essa definição em outros objetos, como jogos analógicos, e ela ainda se encaixava. Era perceptível, então, que os jogos vinham em diversos tipos, tamanhos e formas, mas que dividiam os mesmos elementos lúdicos que nos fazem imergir no círculo mágico.

> Pense no último jogo que você jogou ou em algum jogo que jogava quando criança. Tente se lembrar dos sentimentos que tinha em relação a ele. Como o círculo mágico se aplicava a você? Como os conceitos de tempo e espaço se relacionavam? Questione-se, tente encaixar as estruturas de Huizinga em suas experiências!

Justamente pelo fato de a espécie humana ter essa relação tão próxima à experiência do jogo, Huizinga diz que vamos além do *Homo sapiens sapiens*[1] (subespécie humana atual), que cha-

---

1 Saiba mais sobre em: https://www.significados.com.br/homo-sapiens-sapiens/. Acesso em: 22 jan. 2021.

mou de *Homo ludens*, aproveitando o termo *ludens* do latim, que significa "lúdico".

A partir da pesquisa de Huizinga, outros pesquisadores continuaram a conceituar o jogo. Christopher Crawford, por exemplo, game designer e escritor norte-americano, conhecido por ter criado alguns jogos nos anos 1980 e por ter fundado a Game Developers Conference, divide os jogos em quatro elementos básicos: representação, interação, conflito e segurança.

Por representação, entende-se que o jogo fornece uma representação da realidade, um ambiente que lembra o real, mas que possui seus elementos próprios, que promovem autossuficiência àquele universo, tornando-se completo. No cenário de Mario World, não se sente falta de nada, ele passa a sensação de completude.

Interação é o ponto crucial da experiência do jogo. Por meio de ações, comandos e decisões, o jogador tem o poder direto de modificar a realidade apresentada. O Mario anda, pula, quebra blocos e interage com diversos outros personagens, por exemplo.

Já os conflitos são empecilhos como barreiras físicas, vilões e cronômetro, apresentados ao jogador até que atinja os objetivos propostos pelo jogo. Afinal, que graça teria jogar, se isso consistisse apenas em controlar o Mario e andar com ele até o final da fase?

Em relação à segurança, ela é inerente aos jogos, de maneira geral, pois o conflito está dentro de limiares definidos pelo círculo mágico, conforme o qual as consequências para as ações são válidas apenas no contexto do jogo. As vidas perdidas e os danos estão limitados ao Mario, enquanto o jogador está seguro e sentado no sofá.

Os estudos de Crawford (1984) trazem um complemento interessante aos de Huizinga, pois Crawford desenvolveu sua teoria estando imerso em um universo onde criar e jogar jogos digitais já era uma realidade, aportando uma nova perspectiva aos conceitos de Huizinga.

Podíamos nos estender discutindo a definição de jogo, pois ela rende muito assunto. Há uma série de pesquisadores que se debruçou sobre o tema, produzindo material interessantíssimo, mas que foge à nossa proposta neste livro.

Vamos, então, abordar algo que se aproxima um pouco mais de nosso foco, que é a relação que o universo dos jogos estabelece com a educação.

De YU-GI-OH! ao GROK

A ideia de utilizar jogos para educar não é nova, muito pelo contrário. É possível encontrar registros de iniciativas desse tipo há mais de cinquenta anos. No entanto, de lá para cá, é evidente que as coisas mudaram bastante.

Em uma obra publicada pela primeira vez em 1970, Clark C. Abt (1987) já analisava as vantagens do uso de jogos no âmbito da educação e discutia a efetividade desses recursos em tempos nos quais não era tão comum falar sobre o assunto.

A visão inicial sobre jogos na educação era limitada, muito pautada pelo jogo analógico, que era a ferramenta disponível na época. Algumas escolas aceitaram jogos como o xadrez como um possível instrumento educativo, mas, em geral, paravam por aí.

Não havia a visão de que toda experiência de jogo carrega em si uma riqueza baseada nas interações que provoca. Assim, as pessoas confiavam no jogo mais "culto" que conheciam, o xadrez. O senso comum dizia que os jogos eram algo negativo – que criança dos anos 1980 ou 1990 não escutou que o videogame queimava a tevê?

Longe de mim querer rebaixar de algum modo o xadrez, jogo que eu adoro. Muitas pesquisas inclusive reforçam seus pontos positivos e a riqueza de seu uso em contexto pedagógico.

Acreditamos que o ensino do xadrez como conteúdo didático-pedagógico no processo ensino-aprendizagem é um conteúdo imprescindível para estimular e manter o interesse dos alunos por novos conhecimentos em diferentes disciplinas escolares e, ainda, contribuir para sua intervenção na sociedade como sujeitos atuantes e participativos. (DA SILVA et al., 1997)

Mas a questão que realmente me intrigava era a hierarquia criada entre jogos "inúteis" e jogos "úteis", em uma classificação grotesca e simplista, feita sem critérios claros, baseada em senso comum e achismos.

No começo dos anos 2000, como a maioria esmagadora das crianças da época, eu colecionava cartas de Yu-Gi-Oh! e Pokémon. Outro jogo muito popular na época era o Magic: The Gathering, mais antigo e com mais cartas ainda, que se mantém popular e relevante até hoje. Esses jogos envolviam a criação de baralhos com um número certo de cartas, baseados em alguma estratégia. As cartas eram divididas em categorias, podendo ou não se combinar. A cada rodada, os jogadores conseguiam mais cartas e, a todo momento, tinham de adaptar sua estratégia ao movimento do oponente.

A estratégia podia ir tão além que existia a possibilidade de estruturar diferentes estilos de baralho para diferentes estilos de jogo. Ainda: cada um dos jogos possuía mais de mil cartas (hoje muito mais de dez mil[1]) e só usávamos cerca de quarenta por vez.

Apesar disso, esses jogos eram proibidos em muitos ambientes escolares. O não entendimento do valor dos jogos, de maneira geral, criava essa hierarquia e esse preconceito contra eles, que, na verdade, eram muito ricos.

---

[1] Confira a lista em: https://www.db.yugioh-card.com/yugiohdb/card_list.action. Acesso em: 22 jan. 2021.

A importância desses jogos de cartas estava no fato de que os alunos já se sentiam motivados e engajados com eles, cabendo ao corpo docente aproveitar essas informações para fazer exemplificações e, quem sabe, trazê-los para dentro de sala de aula. Mas não era assim que geralmente acontecia.

A título de curiosidade: mantenho minhas cartas guardadas até hoje. Quer demonstração maior de nostalgia e de paixão? Repare como alguns títulos podem mexer com nossos corações e marcar nossas vidas!

> Como educadores, de que modo podemos utilizar os nossos gostos e dos nossos alunos para trazer motivação e engajamento para o processo de ensino-aprendizagem? Às vezes, uma leve variação de contexto ou uma cara mais divertida ao conteúdo pode trazer ótimos resultados!

A estrutura do jogo em si é muito válida, não só os próprios títulos. Em algumas formações de professores realizadas por minha empresa de assessoria educacional, utilizo dinâmicas com jogos de carta. Pessoas de diferentes gerações têm familiaridade com esses tipos de jogos e adoram. O principal jogo analógico que utilizo é o Grok[2], para treinar empatia, trabalho em equipe e comunicação não violenta. É um jogo incrível!

Você já utilizou um jogo de cartas em contexto pedagógico alguma vez? Será que não existe algum espaço para a utilização? Você não pode aproveitar um jogo existente, adaptá-lo ou criar o seu próprio? Pense um pouco sobre essas questões!

---

2 Saiba mais sobre o Grok: https://jogogrok.com/. Acesso em: 22 jan. 2021.

FIGURA 1
Professor Felipe Cavalcanti (à esquerda) e eu (à direita), exemplificando a dinâmica do jogo Grok durante um curso.

Vinte anos depois, enquanto trabalhava em um espaço maker que prestava consultoria educacional, tive a oportunidade de ver o uso e inserir práticas de gamificação, de jogos – educativos ou de entretenimento – e de autoria de jogos em escolas. O ambiente oferecia menos resistência, apesar de jogos não serem uma unanimidade.

Depois da sensação de alegria ao ver uma recepção um pouco mais calorosa a essas abordagens, percebi que os professores, que atuavam como mediadores de todas essas iniciativas, pouco entendiam, sabiam ou sequer tinham noção dessas metodologias para a educação. Ou seja, ao lado do interesse, morava a barreira da falta de conhecimento.

A partir dessa constatação, comecei a estudar cada vez mais os três assuntos, suas peculiaridades, suas especificidades e suas contribuições para ambientes educacionais, o que me motivou a escrever esta obra.

Antes de qualquer explicação aprofundada, quero fazer um convite a vocês:

Imagine que está em um jogo de aventura, no papel de um corajoso aventureiro(a) dentro de uma floresta densa. Você já tem anos de experiência nesse tipo de ambiente, mas nunca se sabe o que pode aparecer pela frente, não é mesmo?

Ao andar por essa floresta, você visualiza um lugar onde existem três caminhos diferentes para atingir os objetivos do jogo e obter as recompensas. Qual você escolheria?

A maior parte de vocês, provavelmente, responderia um "depende", tentaria entender se existe alguma diferença entre os caminhos, qual seria mais fácil ou mais difícil, qual seira mais perigoso ou mais seguro. Poderia testar um de cada vez? Poderia formular hipóteses? Ou faria uso da aleatoriedade para ver o que acontece?

Por sorte, você tem consigo um mapa que detalha os caminhos e mostra o que cada um tem de vantagens e desvantagens, permitindo que você analise cada caminho rumo aos seus objetivos, com base em seus atributos e características.

É assim que eu vejo o objetivo deste livro e a diferença entre gamificação, jogos e autoria de jogos na educação: três caminhos diferentes que levam a objetivos cumpridos e recompensas positivas a todos, dentro de uma proposta pedagógica.

Esses caminhos não são nem melhores nem piores que os outros: apenas diferentes!

Analisando os caminhos

Agora, já temos uma noção do que significa o jogo e do que o caracteriza. Com base nessa óptica, as três abordagens oferecem experiências de jogo distintas.

Os jogos digitais de entretenimento e educacionais são formados por uma experiência de jogo tradicional, na qual interagimos com um produto pronto, um jogo em si. A gamificação segue uma estrutura de jogo inserida em um contexto fora do entretenimento puro; já a autoria de jogos pode ser entendida como uma maneira de criar seu próprio jogo antes de experimentá-lo, como um simples jogador ou permitindo que terceiros o explorem.

Confuso, né? Por muito tempo, achei que tudo era a mesma coisa e que tudo levava o mesmo nome. Vi que a confusão era geral, e que era comum ver os mesmos erros, afinal, ao falar de jogos, essas metodologias às vezes parecem uma água turva, onde é complicado identificar o que está embaixo.

Encontrei essa dificuldade bem rápido na minha jornada, logo quando comecei a pesquisar gamificação para educação, ainda na iniciação científica. Cheio de questões, fui procurar a ajuda de uma instituição que utilizava tanto jogos quanto gamificação, a Quest to Learn (Q2L).[3] Para tanto, entrei em contato com o Institute of Play, empresa que dava suporte curricular e criativo à Quest to Learn, que me respondeu prontamente, ajudando-me a entender melhor os conceitos. Nunca tenham medo de perguntar!

A Q2L é uma escola pública experimental em Nova York que faz uso de metodologias baseadas em jogos para educar alunos no ensino fundamental e médio. A escola me pareceu tão incrível e tão "fora da caixa" que foi um dos primeiros assuntos que eu pesquisei.

Encontrei na Q2L um local totalmente experimental, onde os jogos eram levados a sério, como uma alternativa viável. Comecei a trocar e-mails com eles para tentar descobrir melhor como tudo funcionava e entender a diferença do uso de jogos na educação, que recebe o nome de **game-based learning**, ou ensino baseado em jogos, e a **gamificação**. A equipe me indicou

---

3 Conheça mais sobre a iniciativa em: https://www.q2l.org/. Acesso em: 22 jan. 2021.

referências[4] muito ricas, que me ajudaram a seguir na pesquisa e a definir algumas das diferenças que vou listar a seguir.

A gamificação se aproxima mais de "dar uma cara de jogo" a algo, usando seus elementos motivadores e engajantes, enquanto o game-based learning usa jogos propriamente ditos para ensinar.

> *Gamificação não é game-based learning, não requer que os alunos joguem jogos, com brinquedos ou tecnologias. Não necessariamente é preciso que você crie elaborados sistemas de pontos de experiência, desbloqueáveis e troféus, apesar de você poder.* (TEACHTHOUGHT STAFF, 2014)

A importância de diferenciar essas abordagens é que o professor entenda qual caminho está seguindo e possa procurar mais informações, propor melhorias, fazer parcerias e avançar em sua trajetória educacional.

> *Gamificação é a aplicação de mecânicas dos jogos para contextos fora do jogo para encorajar comportamentos específicos. Game-based learning é simplesmente aprender através de jogos. Isto significa que gamificação é primeiramente sobre mecânicas de encorajamento e o sistema que as promove, enquanto game-based learning é primeiramente sobre o jogo, seu conteúdo ou currículo.* (TEACHTHOUGHT STAFF, 2014)

Ainda não citamos propriamente a autoria de jogos, que aparece como uma opção muito relevante no contexto tecnológico do

---

4 O material indicado pode ser acessado neste link: https://clalliance.org/institute-of-play/. Acesso em: 22 jan. 2021.

século XXI, pois, em vez de jogar um jogo (como no ensino baseado em jogos) ou passar por uma experiência com elementos de jogos (como a gamificação), a proposta é que os alunos criem seus próprios jogos, exercitando pensamento computacional, autoria e visão artística, entre outros diversos elementos.

Hoje não faltam ferramentas na internet para, com alguns blocos de programação, criar jogos simples e muito interessantes. Entre elas, podemos citar o Scratch e o Construct 2 ou 3.

Scratch é uma ferramenta criada pelo Massachusetts Institute of Technology (MIT) e utilizada mundialmente para ensinar programação, literacia digital e autoria de jogos. Sua interface simples e as milhares de possibilidades que oferece fazem da plataforma algo muito útil; as opiniões positivas sobre ela chegam próximo à unanimidade. Já o Construct é uma game engine[5] cheia de possibilidades e templates, que permite que pessoas com poucos conhecimentos façam projetos muito interessantes. Há uma versão para estudantes gratuita.

Aventureiros, ao longo do livro vou detalhar cada um desses três caminhos da floresta, para que possam explorá-los à vontade e fazer suas escolhas!

Antes
do start...

Usar um jogo ou seus elementos cobra a mentalidade de jogos dos educadores e dos alunos. Então, caso tentemos inserir todo esse mundo novo em um molde totalmente antiquado, não teremos um bom resultado. É a partir desse tipo de mistura que surgem os comentários que dizem que as abordagens "não dão certo".

---

5 Game engine é um conjunto de recursos reunidos em um software que facilitam a produção de um jogo digital.

APRENDENDO JOGANDO

Em seu site,[6] a Q2L destaca sete princípios para um aprendizado efetivo por meio de jogos, que ajudam a evitar situações "não deu certo":

1. **Todos são participantes:** todos devem participar e contribuir; alunos diferentes podem colaborar com inteligências diferentes.
2. **Desafio:** tem de ser constante. O aluno necessita de incentivo para resolver desafios complexos.
3. **Aprendizado na prática:** o aprendizado é ativo, os alunos aprendem na prática, testando e jogando.
4. **Feedback imediato e contínuo:** alunos conseguem ter feedback do seu desenvolvimento a partir de parâmetros de jogos, como a pontuação.
5. **Entender a falha como uma oportunidade:** a falha é entendida como uma nova chance de aprender. Assim como em um jogo, existe a opção de começar novamente.
6. **Tudo está conectado:** os alunos podem dividir seus conhecimentos e habilidades com outros por meio de comunidades, grupos, etc.
7. **Sensação de estar jogando:** a experiência de ensino deve engajar o aluno, dar suporte a suas ideias e promover criatividade.

Então posso dizer com toda a segurança que o passo zero, anterior a todos esses enumerados aqui, é abrir a mente e entender que não será a simples inserção de um jogo ou de uma gamificação que mudará a dinâmica de sala de aula. Precisamos estar de peito aberto para entender que tudo se inicia com uma mudança de cultura e de entendimento de como as atividades em sala de aula funcionam.

---

6 Saiba mais em: https://www.q2l.org/. Acesso em: 22 jan. 2021.

Questione-se, analise sua aula e veja potenciais pontos nos quais ela já está de acordo com esses princípios ou poderia se adequar a esse modelo.

PASSOS DE BEBÊ

A cultura não muda do dia para a noite. Muito menos nosso conhecimento, nossa habilidade com metodologias, abordagens e novas ferramentas. Seria um sonho, mas é impossível, certo?

Existe um termo muito difundido em alguns círculos que trabalham com inovações no âmbito da educação: "baby steps". Esse termo, que, em tradução livre, significa "passos de bebê", tem como objetivo ilustrar que o desenvolvimento do professor ou de qualquer pessoa em uma nova abordagem pode seguir os passos lentos de um bebê.

Em um contexto dominado por novidades educacionais, muitos professores se interessam por metodologias ativas e abordagens diversas em sala de aula, e tentam aplicá-las. Maravilhados por estudos de casos e relatos, desenvolvem projetos grandiosos que muitas vezes dão errado ou não atingem as expectativas, fazendo com que um grande ânimo se transforme em decepção. Como resultado, muitos desses educadores nunca voltam a tentar a abordagem novamente, traumatizados pelo resultado.

Ao fazermos a pesquisa de termos como "metodologias ativas" em um buscador como o Google, encontramos tantos resultados, abordagens, nomenclaturas e projetos diferentes, que é muito fácil se confundir e se sentir pressionado. Além disso, vivemos uma realidade na qual anualmente são criados nomes para coisas iguais ou parecidas, para trazer atenção e tentar popularizar conceitos ou vender novos produtos.

A mentalidade dos "baby steps" vem para mostrar para o professor que ele pode começar pequeno, com poucos elementos, e, na medida do possível, ir aumentando e dando escala aos projetos. É permitir-se testar em um ambiente controlado e, com base no que dá certo e errado, melhorar o método.

Ao longo de toda a obra e durante todas as metodologias, vamos encorajar os professores a se sentirem livres e confortáveis para explorar tudo em um ritmo adaptável.

Um passo de cada vez!

TIPOS DE JOGADORES

No seu cinto de utilidades, é importante ter alguns conceitos. Assim como você já entendeu a relação entre o homem, a cultura e o círculo mágico, precisamos falar um pouco sobre os tipos de jogadores.

Durante sua jornada de estudo pelo universo dos jogos, você descobrirá que existem tipos diferentes de jogadores. Não me refiro à divisão entre jogadores casuais (que jogam menos) e hardcores (que jogam de maneira consistente e intensa), mas ao tipo de desafio que os motiva mais e o que eles buscam ao jogar um jogo. Para explorar esse assunto, vamos retomar as pesquisas de Richard Bartle (1996), que já se dedicou ao estudo desses perfis, cabendo a nós entendê-los e aplicá-los.

Segundo Bartle (1996), existem quatro tipos básicos de jogadores: os conquistadores, os exploradores, os assassinos (ou predadores) e os socializadores. Mas o que esses nomes querem dizer?

Os **conquistadores** são motivados a atingir objetivos. Em um jogo de videogame, isso significa que o jogador pode querer acumular mais pontos, passar por missões secundárias, pegar todos os itens secretos e/ou troféus.

Kumar, Herger e Dam (2020) descobriram uma relação muito interessante ao analisar os diferentes tipos jogadores e, ainda, trouxeram informações complementares para a gamificação.

Os conquistadores costumam buscar se diferenciar de outros jogadores por meio de feitos. No contexto educacional, eles podem se destacar por perseguir itens e colecionáveis. Kumar, Herger e Dam (2020) dizem que o perfil "se beneficia caso sejam incorporados pontos e troféus".

Os **exploradores** procuram saber o máximo possível sobre o jogo, completando missões secundárias e procurando desvendar segredos do sistema. Eles costumam querer saber como e por que precisam atingir alguns objetivos. No contexto educacional, podem realizar missões secundárias e ser questionadores em relação às motivações para realizar alguma ação.

Kumar, Herger e Dam (2020) dão a dica de que o perfil "quer ver coisas novas e desfechos novos".

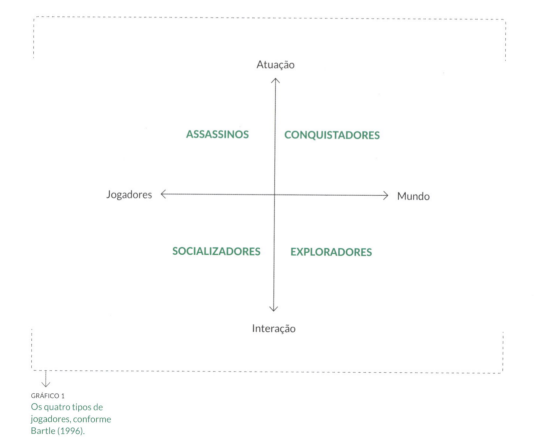

GRÁFICO 1
Os quatro tipos de jogadores, conforme Bartle (1996).

Assassinos são apaixonados pelas palavras *vitória* e *ranking*. São extremamente competitivos e buscam jogos que supram essa necessidade de competição.

Na educação, o perfil pode ser resistivo ao trabalho cooperativo, porém muito efetivo quando a atividade envolver qualquer tipo de competição. Kumar, Herger e Dam (2020) afirmam que "algumas pessoas que têm o tipo assassino de jogador dominante só estão realmente felizes enquanto elas estão ganhando e todo o resto, perdendo".

Por fim, temos os **socializadores**, que têm na comunicação interpessoal sua principal motivação. Em vez do jogo propriamente dito, esse tipo dará muito valor para os momentos em que o jogo incentivar as relações entre os jogadores. Eles são muito motivadores em um time.

Socializadores na educação tendem a formar bons grupos, ajudam a manter um clima de competitividade mais saudável e fortalecem a cooperação. Segundo Kumar, Herger e Dam (2020), esse tipo de jogador entende que, independentemente de você ser amigo ou conhecido de outra pessoa, unir forças para atingir um objetivo em comum faz muito sentido.

Você já se perguntou que tipo de jogador você é? Seja em consoles, computador ou celular, que jogos você consome? E qual é o tipo de jogador com o qual você mais se identifica? Faça uma autoanálise!

Nem todo jogo ou gamificação contemplará todos os tipos de jogadores. Muitos deles, inclusive, focarão mais uns tipos do que outros, porém conhecer os tipos de jogadores existentes permite que planejamentos sejam feitos considerando essas informações, principalmente quando estamos falando em grupos de alunos maiores.

Os tipos de jogadores trazem perspectiva e funcionam como uma ferramenta adicional para analisar tendências e forças em um ambiente, mas essa classificação passa por um criticismo de diversos pesquisadores, pois os tipos, de maneira geral, são utilizados para pôr os alunos "dentro de caixinhas".

Tipologias como a de Bartle deveriam ser entendidas como uma categorização arquetípica, na qual os tipos representam um tipo de jogador que possui algumas motivações e comportamentos mais fortes que em outros tipos. (HAMARI; TUUNANEN, 2014)

Assim, é muito provável que os alunos de sua sala de aula sejam um conjunto dos quatro tipos de jogadores, em maior ou menor proporção. Também é perigoso se apoiar em rótulos de tipos tão estanques, já que uma mesma pessoa pode ter uma combinação muito específica desses elementos.

Existem quatro tipos de jogadores de acordo com Bartle: socializadores, exploradores, conquistadores e assassinos. Um ambiente de gamificação pode consistir em todas ou em uma combinação desses tipos. Uma pesquisa cuidadosa ajudará você a entender que tipo de jogador domina o ambiente e ajudará a definir como lidar com suas necessidades. É importante fazer a pesquisa, e não apenas estereotipar jogadores. Entenda o que faz eles se animarem e você será capaz de incorporar elementos em seus designs que realmente tocarão a essência do jogador. (HAMARI; TUUNANEN, 2014)

Caso tenha se interessado muito pelos tipos de Bartle, é possível utilizar algumas análises para descobrir seu tipo predominante.[7] Provavelmente, o teste confirmará suas teses caso você tenha feito uma autoanálise, mas ele também pode mostrar tendências que você não tinha percebido.

Os tipos de Bartle servem principalmente para que entendamos que as pessoas são diferentes e buscam elementos diferentes ao ter uma experiência de jogo, e não que devemos obrigatoriamente fazer dezenas de alunos de uma turma passar pelo teste ou muito menos estereotipá-los dentro de uma dessas perspectivas.

Para complementar, o estudo de Hamari e Tuunanen (2014) também indica que, em toda literatura sobre tipos de jogadores, caso sejam cruzados os diferentes tipos, existem cinco grandes forças: conquista, exploração, sociabilidade, dominação e imersão.

O interessante de o termo "imersão" aparecer como uma dessas forças é que, a partir da imersividade, em uma experiência, conseguimos a motivação e o engajamento necessários, já que a pessoa estará em um estado de *flow* ou fluxo, como veremos a seguir.

O estado de fluxo

Muito conhecido, o conceito de estado de fluxo, criado por Mihaly Csikszentmihalyi, psicólogo húngaro, é um dos grandes argumentos do uso de jogos e experiências análogas a jogos no universo da educação. Esse estado é uma linha tênue entre o tédio e o estresse, entre o muito fácil e o muito difícil. Essa linha promove uma experiência ideal, onde quem está jogando está conectado com a experiência e está se sentindo bem.

---

7 Faça o teste de Bartle em: https://www.marcelleal.com.br/qual-o-seu-perfil-de-jogador/. Acesso em: 22 jan. 2021.

Como o fluxo pode ser atingido, então?

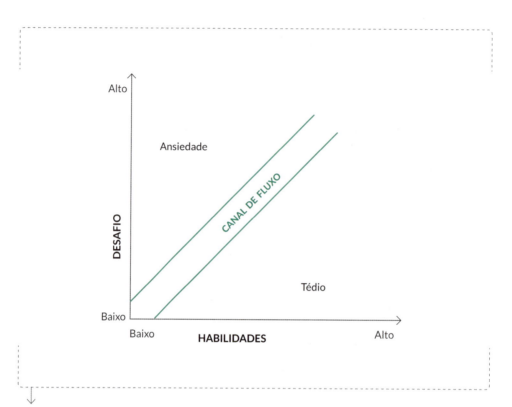

GRÁFICO 2
Gráfico de Flow.

FONTE: CSIKSZENTMIHALYI, M. ET AL. (1990).

Podemos nivelar o desafio e as habilidades dos alunos, ir aumentando ambos sem que a dificuldade aumente demasiadamente, deixando-os ansiosos e estressados, ir tão devagar e de modo tão fácil que eles fiquem desinteressados ou encontrar o equilíbrio, por meio de muitos testes.

Para os interessados em navegar nos mares da teoria do fluxo, vale a leitura do livro de Mihaly, *Flow: the psychology of happiness*. Ele também realizou uma TED Talk de 20 minutos, disponível na internet.[8]

---

[8] Acesse o TED Talk em: https://www.ted.com/talks/mihaly_csikszentmihalyi_flow_the_secret_to_happiness?language=pt-BR. Acesso em: 2 jan. 2021.

GAMIFICAÇÃO

Ah, a *gamificação*! Tenho certeza de que os professores que procuram metodologias e novas abordagens para educação já devem ter ouvido falar mais de uma vez sobre o termo ou pelo menos mais do que *ensino baseado em jogos* (game-based learning) ou *autoria*.

Desde o início da década de 2010, a gamificação vem sendo um termo popular e altamente utilizado por diferentes esferas do conhecimento, afinal, não é útil apenas para a educação, como para uma série de outros contextos na sociedade.

Ao analisar o crescimento do mercado, por meio de relatórios e tendências, vemos um progresso constante da gamificação (basta procurar pelo termo no Google Trends e ver seu crescimento de relevância), de modo que não é difícil compreender a perspectiva que se quer demonstrar aqui: a gamificação se tornou um nome absurdamente popular, o que não quer dizer que ela seja melhor que outras metodologias, mas indica uma predisposição e um interesse no assunto. Uma das maiores razões para isso é que ela pode ser utilizada em diversas outras áreas, como as de treinamento e de recursos humanos, sendo utilizada em aplicativos e serviços e, consequentemente, ficando ainda mais popular.

O que é?

Apesar de a origem do termo "gamificação" não ser muito clara, muitos o atribuem a Nick Peeling (2011), que utilizou essa expressão para dar nome ao uso de elementos e mecânicas de jogos em ambientes que não são de puro entretenimento. Quando nos referimos a elementos e mecânicas, falamos de pontos, níveis, narrativa, rankings, troféus e qualquer outra característica de jogos que possamos desacoplar do jogo em si.

Assim como qualquer termo novo, ainda existem leves diferenças entre as definições dadas pelas maiores autoridades do assunto. Cada uma colabora com sua perspectiva e com suas conclusões por meio de suas pesquisas.

Deterding et al. (2011), de modo simples e direto, afirmam que "gamificação é o uso de elementos de design de jogos em contextos fora de jogos". Fadel (2014) descreve o processo de maneira um pouco mais extensa, dizendo que "tem como base a ação de se pensar como em um jogo, utilizando as sistemáticas e mecânicas do ato de jogar em um contexto fora de jogo".

Chou (2015) traz de maneira complementar uma definição que já evidencia os benefícios sociais da abordagem: "é a construção de modelos, sistemas ou modo de produção com foco nas pessoas, tendo como premissa a lógica dos games".

Apesar de diferentes, as ideias desses pesquisadores convergem para o ponto onde aspectos positivos dos jogos são levados para um contexto externo a ele mesmo.

Em 2007, uma série de empresas se formaram tendo como base o conceito de gamificação. As mais relevantes foram a Badgeville, Bunchball e Ripple (KNOLSKAPE, 2015). Bunchball é a mais conhecida das três: tem clientes gigantes nos EUA e resolveu focar na área empresarial, que representa um mercado potencial gigante.

Existe uma série de exemplos muito interessantes de gamificação aplicados a diferentes setores da sociedade. Um dos mais conhecidos é o da campanha Fun Theory, criada por uma conhecida marca de fabricante de automóveis, que, entre diversas abordagens, implantou uma escada com sensores,[1] que funcionava como as teclas de um piano: cada degrau tocava uma nota diferente.

    As pessoas começaram a ficar curiosas e tentadas a subir pelas escadas, que possuíam um feedback sonoro de qual nota estava sendo tocada. Era possível ver pessoas tentando criar melodias com as pisadas. Apesar de esse exemplo usar pouquíssimos elementos de gamificação, é muito interessante olhar pela óptica do engajamento e da motivação para o uso das escadas e a interação que ele permitia, mostrando o poder que simples sistemas e gamificações podem gerar. A preguiça de subir os degraus de um momento para outro havia sumido. Outro exemplo dessa campanha era um radar de trânsito gamificado, chamado Speed Camera Lottery. Todas as pessoas que respeitassem o trânsito entravam automaticamente em uma espécie de "megasena", em que a arrecadação era feita com o dinheiro das multas aplicadas a quem não estivesse respeitando as leis de trânsito. De uma hora para outra, as pessoas tinham mais motivações para respeitar essas leis, pois poderiam ser sorteadas e ganhar um prêmio.

FIGURA 1
Speed Camera Lottery não tem um visual de um jogo como desta imagem, mas usa elementos e mecânicas de um jogo, leve isso em sua mente!

FONTE:
UNSPLASH – BRETT JORDAN.

---

1 Você pode assistir o vídeo em: https://www.youtube.com/watch?v=SByymar3bds. Acesso em: 22 jan. 2021.

Na área da saúde, há o exemplo do Mango Health,[2] que é um aplicativo que ajuda pessoas a manter hábitos mais saudáveis, auxiliando, principalmente, no controle dos horários de medicação. Até aí, você não deve estar muito surpreso, já que deve conhecer outros aplicativos com lembretes para tomar remédio, certo? Porém, o aplicativo Mango se difere pelos componentes ou elementos de gamificação inseridos: você marca pontos, atinge níveis, ganha giftcards e está integrado em todo um sistema de evolução. É possível até mesmo acumular uma moeda digital que pode ser doada para instituições de caridade ou garantir descontos em lojas parceiras.

Mas nosso foco aqui é a gamificação na educação, não é mesmo? Os exemplos anteriores são importantes para entender até onde se pode ir, mas agora vamos para um exemplo mais próximo do nosso cenário.

Gamificação na educação

Primeiramente, é necessário entender o que é e o que não é gamificação na sala de aula, pois existe muita confusão entre a teoria e a prática desses conceitos.

Toda vez que utilizarmos um jogo em contexto educacional, considerando jogos de entretenimento, educacionais ou serious games,[3] não estamos promovendo uma gamificação, pois, como a própria definição estipula, a gamificação envolve o uso desses elementos fora do contexto do próprio jogo e do puro entretenimento. Sendo assim, utilizar um jogo como Minecraft ou Coelho Sabido não é uma gamificação, mas puramente o uso de jogos no ensino (ensino baseado em jogos), outra metodologia.

---

2 Você pode baixar o Mango Health gratuitamente no link: https://www.mangohealth.com/. Acesso em: 22 jan. 2021.

3 Categoria de jogo com alto teor instrucional, muito atrelado a causas sociais e humanitárias, que acabou por ganhar categorização própria.

O mesmo vale para o uso de ferramentas de autoria de jogos. Ao criar um jogo utilizando-se qualquer ferramenta de desenvolvimento, estamos praticando a criação de jogos, e não o uso de uma gamificação ou de um jogo já pronto. A autoria traz uma característica participativa e de agência diferente de outras metodologias.

Quanto ao conceito de gamificação, algo notável é seu caráter ativo e com possibilidade de colocar o aluno como centro do processo de ensino-aprendizagem. Dada essa relação, podemos considerar a gamificação uma metodologia ativa.

> *As metodologias ativas consistem na mudança do paradigma do aprendizado e da relação entre o aluno e o professor. O aluno passa então a ser o protagonista e transformador do processo de ensino, enquanto o educador assume o papel de um orientador, abrindo espaço para a interação e participação dos estudantes na construção do conhecimento.* (VIEGAS, 2019)

Sendo assim, um professor que já utilize ensino híbrido, sala de aula invertida, entre outras metodologias ativas, vai encontrar na gamificação mais uma metodologia "irmã".

Nesse sentido, é muito importante o educador conhecer o conceito de aprendizagem criativa, elaborado por Resnick (2017), e os seus 4Ps, que envolvem Projetos, Paixão, Pares e Pensar brincando.[4]

---

4 O quarto P, o *play*, tem a tradução de "pensar brincando" para o português, pois traduzir *play* como jogar ou brincar reduz muito o significado do termo *play* em inglês.

A aprendizagem criativa ajuda a engajar os alunos com o conteúdo da aula, desenvolver a resolução de problemas e construir conhecimento de forma ativa. (GAROFALO, 2019)

Um exemplo simples e clássico da gamificação aplicada à educação pode ser observada no aplicativo Duolingo.[5] Para quem não conhece, o Duolingo é uma plataforma gratuita de aprendizado de idiomas, mas o que a torna especial é a forma como ela integrou elementos dos jogos para facilitar e expandir o aprendizado dos usuários.

Nela, você escolhe o idioma que quer aprender, entre dezenas disponíveis, e o nível de jogador vai aumentando à medida que passa pelas fases, que são compostas por conjuntos de exercícios. Obtêm-se pontos ao fazer esses exercícios e realizá-los sem erros em uma sequência, por exemplo. Esses pontos podem ser utilizados em rankings contra outros usuários do aplicativo e o bom desempenho é premiado com uma moeda interna do jogo, além de troféus.

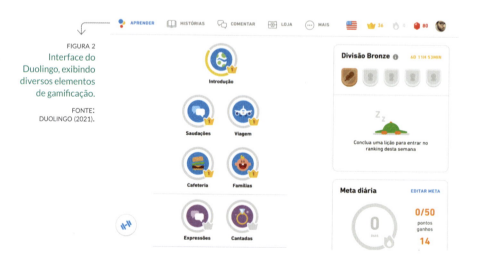

FIGURA 2
Interface do Duolingo, exibindo diversos elementos de gamificação.

FONTE: DUOLINGO (2021).

---

5 Para conhecer a plataforma Duolingo: https://www.duolingo.com. Acesso em: 22 set. 2021.

Assim, a plataforma gradualmente vai adicionando novos elementos. Um dos mais recentes são as ligas. Quase como em competições de futebol, existem ligas de bronze, de prata, de ouro, etc. Também é possível ganhar coroas, um coletável acumulável da plataforma que mostra a quantidade de níveis passados. Alunos mais jovens estão acostumados a jogar jogos com esse conceito de liga, o que pode ser ainda mais atrativo.

Interessante, não? Pois antes do Duolingo pensaríamos apenas em aprender por meio de uma lista de exercícios tradicional ou um referencial gramatical, o que pode ser considerado maçante e chato por muitos alunos. Saliento que não é um problema utilizar recursos tradicionais como uma lista de exercícios, mas talvez adotar só esse tipo de recurso possa ser um fator entediante e desmotivador no processo de ensino-aprendizagem.

O aprendizado de idiomas, por exemplo, apesar de muito popular no Brasil, é vastamente ensinado da maneira tradicional, o que muitas vezes causa desistência pela dificuldade ou desmotivação pela abordagem, explicando por que, apesar de tantas escolas de idiomas, 95% da população ainda não sabe falar inglês (DINO, 2018). É possível estender o comentário do ensino de idiomas para várias outras disciplinas que também são ensinadas majoritariamente de maneira tradicional e enfrentam muita resistência ou dificuldade por parte dos alunos.

O Duolingo, nesse contexto, cria uma camada motivadora em razão de seu formato, no qual o conteúdo é apresentado com o objetivo de engajar o usuário por meio do nível de proficiência em um assunto, que é indicado pela cor dourada, por rankings e pela ofensiva (mostrando quantos dias seguidos os usuários fizeram atividades na plataforma).

FIGURA 3
Exemplo de exercício no Duolingo.

FONTE: DUOLINGO (2021).

Os exercícios estão, sim, presentes, e nos mais diversos formatos (múltipla escolha, dissertativos, entre outros), porém envoltos por diversas camadas de gamificação, que, mais além do que um recurso estético, geram um novo meio de interação com o aluno.

A plataforma faz ainda uso de outros elementos mais sutis, como uma moeda corrente que você ganha com a realização de exercícios, os Lingots, que podem ser trocados por atividades como desbloquear exercícios cronometrados, apostas e bloqueio de ofensiva (item que mantém a ofensiva do jogador).

FIGURA 4
Itens da loja do Duolingo.

FONTE: DUOLINGO (2021).

Apesar de o Duolingo utilizar dezenas de elementos de jogos, uma gamificação não precisa fazer uso de tantos recursos assim para ser efetiva e interessante aos alunos. Um professor, por exemplo, pode usar uma narrativa ambientada na Idade Média e dividir os alunos em grupos de exploração, para que respondam perguntas sobre alguma disciplina, relacionadas a objetos e situações comuns daquele contexto, como castelos, espadas e reis, entre muitos outros. O acerto de perguntas pode dar pontos ao grupo e, a cada 10 pontos ganhos, pode-se subir um nível. O jogo pode terminar, por exemplo, quando algum grupo atingir o nível 5 – essa pontuação e os níveis podem ser registrados numa lousa ou em um documento de texto, sem necessidade de um aplicativo propriamente dito.

A partir desse exemplo, podemos notar que a gamificação pode fazer uso de uma narrativa, não dependendo necessariamente de tecnologia para ser realizada, pois os pontos e os níveis podem ser estipulados de maneira analógica (por meio de uma lousa, papéis, caderno, entre outros). A atividade também não está limitada ou vinculada especificamente a nenhuma disciplina, apesar da disciplina de Língua Inglesa ter sido utilizada no exemplo do Duolingo.

Assim como outras atividades que se baseiam em diversas metodologias ativas, inserir o exemplo da Idade Média tira os alunos daquele contexto repetitivo das aulas, gerando motivação e engajamento para que os alunos façam parte de uma narrativa ficcional.

Resnick (2017), ao criar diretrizes para a aprendizagem criativa, discorreu muito sobre fazer os alunos se envolverem em projetos e atividades que fossem significativas para eles. Resnick também discutiu a questão dos recursos analógicos, em entrevista à *Nova Escola*:

> *Em primeiro lugar, o mais importante é dar oportunidade às crianças de criar, projetar, experimentar e explorar. É perfeitamente possível fazer isso com materiais do dia a dia. As novas tecnologias podem aumentar o leque de possibilidades de aprendizagem, mas não são decisivas. O difícil é fazer o simples. (SÁ, 2017)*

Pela óptica da metodologia, uma lista de exercícios pode ser um quiz dinâmico, uma série de pesquisas importantes pode ser uma caça ao tesouro (que, no caso, é uma resposta) e alunos alcançando metas podem se tornar troféus e conquistas. Quando falamos desses elementos de jogos e suas combinações, eles tendem ao infinito. Quanto mais se aplica e se lê sobre o uso de gamificações, mais ideias vem à mente.

Você já pensou em ter um bloco de notas, um caderno, um mural digital ou algum lugar onde possa anotar esse tipo de ideia? Recomendo muito que providencie um para ir anotando tudo e alimentando sua criatividade. Deixar tudo na cabeça é apenas a pior coisa que se pode fazer!

A ideia é sempre permitir a experimentação, pois é a partir dela que as mais diversas ideias e inovações educacionais vão aparecer, a partir dos processos práticos, que podem ser feitos de maneira analógica ou digital.

Um educador que queira trazer a gamificação para a sala de aula pode olhar para seu entorno e tentar identificar que recursos já tem disponíveis ou quais poderia obter com certa facilidade, e começar a partir deles. Uma dica é utilizar a sua realidade como ponto de referência!

Você pode estar se perguntando, então, como começar uma gamificação, que elementos estão disponíveis para isso, entre outras perguntas. É importante juntar um certo referencial teórico antes de sair "gamificando" por aí, mas, como dizem os adeptos do design thinking,[6] é muito importante prototipar e testar suas ideias para verificar a viabilidade delas o mais rápido possível.

Elementos básicos da gamificação

Segundo Zichermann e Cunningham (2011), a gamificação tem sete elementos primários: pontuação, níveis, ranking, selos ou troféus, desafios/missões, engajamento inicial e demais ciclos de engajamento, como podemos ver a seguir.

> **Pontuação:** número que define estados de vitória ou derrota e ranqueamento em um jogo.
>
> **Desafios:** tarefas a serem completadas.

---

6 Design thinking é uma abordagem criativa muito utilizada para resolver problemas e gerar produtos inovadores. Pode ser aplicada a diversas áreas, dentre elas, a educação.

Níveis: escalas diferentes de posição, classificadas por nome ou número. Exemplo: bronze, prata, ouro.

Selos ou troféus: premiações dadas quando se alcança certo objetivo.

Engajamento inicial e **demais ciclos de engajamento:** tudo que fazemos para deixar a experiência de gamificação mais próxima, divertida, motivadora e imersiva.

Ranking: refere-se ao posicionamento competitivo de pessoas em um jogo.

A plataforma Duolingo, por exemplo, conta com esses sete elementos. Os pontos podem ser dados sob a forma de coroas ganhas ao fim de cada unidade ou como Lingots, moeda interna do jogo que serve para comprar alguns itens, como já vimos. Os níveis podem ser entendidos pelo acúmulo do número de experiências que a plataforma oferece ou pelas ligas criadas, em que um melhor desempenho possibilita que o usuário passe por uma evolução de liga. O termo "nível" propriamente dito não está ali, mas seu conceito, sim.

FIGURA 5
Exemplo das ligas do Duolingo.

FONTE: DUOLINGO (2021).

Os selos são chamados de conquistas e são alcançáveis com a realização de alguns feitos, como "conseguir mais de 100 pontos de experiência em um dia" ou "concluir todas as unidades de um curso". No Duolingo, os selos ficam expostos em seu perfil, como uma amostragem de conquista alcançada. O jogo não foca missões propriamente ditas, mas desafia o jogador a colocar uma meta de pontos diária e alcançá-la.

Em relação aos ciclos de engajamento, a plataforma dispõe alguns itens no meio da jornada que tendem a incentivar o jogador. O Duo, mascote do Duolingo, aparece diversas vezes fazendo elogios e incentivando quem está usando a plataforma.

FIGURA 6
Mascotes tematizam e deixam a interação mais leve e divertida.

FONTE:
DUOLINGO (2021).

A mecânica de ofensiva, que incentiva o jogador a entrar todos os dias, compõe outra camada de engajamento.

O ranking é estabelecido considerando-se diversos usuários ou um grupo criado entre amigos e colegas de estudo, no qual se compara quem conseguiu mais pontos de experiência durante a semana, o mês ou no total.

Mas, para entender realmente a dinâmica, teste o aplicativo ou entre no site e experimente utilizar a plataforma, tentando identificar os elementos de gamificação salientados aqui. Repare como você se sente em relação a esses elementos e como eles o afetam individualmente.

Depois dessa imersão, pense em como essa interação foi diferente em relação ao último exercício de uma apostila que você fez ou mesmo como difere de uma aula puramente expositiva.

A divisão de Zichermann (2011) em sete elementos básicos é muito interessante para quem está tendo contato com gamificação pela primeira vez e quer uma base referencial um pouco mais simples.

DINÂMICAS, MECÂNICAS E COMPONENTES

Os sete elementos básicos de Zichermann são importantes, mas nem de perto esgotam as ferramentas disponíveis para gamificação.

Segundo Werbach (2012), existem três categorias de elementos na gamificação: dinâmicas, mecânicas e componentes. Werbach organizou-as em ordem decrescente de abstração.

As **dinâmicas**, de acordo com Werbach (2012), têm maior nível de abstração e representam aspectos gerais da gamificação. As mais importantes são as seguintes:

Limites: referem-se aos limites e às restrições.

Emoções: envolvem curiosidade, competitividade, frustração e felicidade.

Narrativa: abrange um enredo contínuo.

Progressão: gera sensação de continuidade e progresso.

Relações: conectadas a interações sociais e aos sentimentos gerados por ela, como camaradagem e altruísmo.

Na gamificação, as dinâmicas devem ser consideradas e gerenciadas, mas não abrangem elementos que devam ser trabalhados diretamente. Por exemplo, você pode almejar promover um sentimento de altruísmo e uma sensação de progressão em uma atividade com a turma, mas, para atingir esses objetivos, você precisa aplicar mecânicas e componentes.

Assim, as **mecânicas** podem ser descritas como processos que levam ao engajamento e à ação do jogador. Werbach (2012) listou as dez principais mecânicas:

1. **Desafios:** tarefas que requerem esforço para serem feitas, ou puzzles.
2. **Sorte:** elemento de aleatoriedade.
3. **Competição:** um lado ganha e outro perde, individual-mente ou em grupos.
4. **Cooperação:** jogadores trabalham juntos para um obje-tivo em comum.
5. **Feedback:** resposta sobre o desempenho do jogador.
6. **Aquisição de recursos:** obtenção de itens úteis ou cole-cionáveis.
7. **Recompensas:** benefícios por uma ação ou uma conquista.
8. **Transações:** trocas entre jogadores.
9. **Turnos:** jogadores e grupos de jogadores alternando sua participação durante o jogo.
10. **Estados de vitória:** condições que tornam um grupo ou um jogador vencedor.

Mencionamos que um professor poderia usar uma dinâmica de relações para gerar altruísmo entre seus alunos. Para isso, ele pode usar mecânicas de desafios, que sejam cooperativos e gerem recompensas pelo nível de colaboração.

Por último, temos os **componentes**, que são elementos espe-cíficos. Depois de se pensar nas dinâmicas e encontrar as mais apropriadas, os componentes aparecem como a forma de real-mente aplicá-las.

Werbach (2012) apontou os 15 principais componentes:

1. **Conquistas:** objetivos definidos.
2. **Avatares:** representação visual de um personagem de um jogador.
3. **Troféus e selos:** representação visual de uma conquista.
4. **Batalhas com o chefão:** desafios difíceis ao fim de um nível.
5. **Coleções:** conjunto de itens ou troféus acumuláveis.
6. **Combate:** tipos de oposição entre membros e times que podem ocorrer.
7. **Desbloqueio de conteúdo:** conteúdos disponíveis apenas a partir de certos estágios.
8. **Presentear:** oportunidades de compartilhar recursos com outros jogadores.
9. **Placar:** representação visual da progressão de jogadores e conquistas.
10. **Níveis:** criação de níveis diferentes, que permitem evolução.
11. **Pontos:** pontuação, que geralmente é numérica.
12. **Missões:** costumam misturar objetivos com uma narrativa.
13. **Gráficos:** feedback visual, que possibilita ao jogador ter mais informações.
14. **Times:** união de alunos em grupos de ao menos duas pessoas.
15. **Bens virtuais:** itens que são percebidos como valiosos.

Retomando o exemplo do professor que queria gerar progressão e fortalecer o sentimento de altruísmo, ele pode usar as mecânicas de desafios, cooperação e recompensas, utilizando elementos como troféus, presentes, desbloqueio de conteúdos, missões, níveis, dentre muitos outros.

Com essa estrutura, temos um modo mais organizado para pensar a gamificação, que segue o fluxo de dinâmica, mecânica e componentes. Para ver esse fluxo em prática, demonstrarei um planejamento realizado para uma aula de inglês.

Do planejamento à ação

Para compreendermos melhor o que é a gamificação, demonstraremos o processo desde sua concepção até sua aplicação.

Esse planejamento foi criado e aplicado pelo autor do livro e tem como missão mostrar que a gamificação é viável inclusive de modo analógico, e não só por meio de plataformas como o Duolingo, que já trazem algo pronto, com materiais e recursos acessíveis a um professor.

É interessante utilizar a gamificação para resolver um problema ou suprir uma necessidade. Dois alunos faziam aulas particulares após trabalharem o dia todo na empresa. Esses alunos tinham apenas duas horas de contato com o professor por semana e eram bem ocupados, o que limitava seu tempo de estudo.

Olhando para eles, o desejo era incentivar o máximo possível a curiosidade pelo idioma e, ao mesmo tempo, estimular a camaradagem entre eles (dinâmicas de emoções e relações), para que eventualmente se tornassem parceiros de estudo dentro e fora do horário de aula. No planejamento também foi destacada a dinâmica de progresso, já que o ensino baseado em apostilas às vezes falha em mostrar o progresso dos alunos.

Foi decidido, por conta dos recursos disponíveis no momento, que a atividade seria analógica, e foram criados alguns flashcards, cartões produzidos para estimular o aprendizado de alguns termos. Esses cartões continham uma imagem de um lado e o termo em inglês do outro. Apesar de não serem novidade no ensino de inglês, uma abordagem realmente gamificada com eles raramente é utilizada.

Olhando as mecânicas disponíveis, decidiu-se começar com a sorte. Para criar o ambiente lúdico da atividade, foi sorteado quem começaria por meio do rolar de dados: quem tirasse o número maior começaria.

Como o foco era gerar camaradagem entre ambos, foi escolhida a mecânica de cooperação. A atividade também envolveria perguntas sendo feitas em turnos, e a vitória se daria apenas quando dez respostas seguidas fossem dadas corretamente. Como a atividade funcionava em turnos alternados de resposta, eles precisariam cooperar um com o outro para vencer.

A cada três respostas corretas de um aluno, ele ganhava um item que poderia usar o componente de presentear. Esse item consistia em poder responder caso o outro colega não soubesse, criando a necessidade de colaborar com o colega para atingir o objetivo das dez respostas corretas seguidas.

Em relação ao progresso, a maneira mais simples encontrada de demonstrar o progresso para os alunos foi anotando quantas perguntas eles demoravam para atingir as dez corretas seguidas. Quanto mais treino eles tivessem, menos perguntas seriam feitas a eles. Cada vez que os alunos diminuíam um pouco o número de perguntas necessárias para a vitória, eram adicionados mais termos ao baralho de flashcards, para criar uma dificuldade crescente.

A atividade então tinha o seguinte perfil:

OBJETIVO: incentivar a camaradagem entre os alunos, a curiosidade e o senso de progressão.

COMO FUNCIONA: o professor, a partir de uma série de flashcards, faz perguntas sobre qual termo descreve melhor uma imagem em inglês, e os alunos devem responder alternadamente.

ESTADO DE VITÓRIA: os alunos acertarem dez respostas seguidas.

QUAIS CARACTERÍSTICAS DE GAMIFICAÇÃO A ATIVIDADE TEM? O uso das mecânicas de *sorte, cooperação, turnos* e *estado de vitória*. E o uso dos componentes de *times, presentear* e *pontos*.

POR QUE A ATIVIDADE DEU CERTO? O componente de *presentear* o colega com uma resposta para dar suporte à mecânica de *cooperação* criava um laço entre os colegas, pois apenas juntos conseguiriam vencer.

MELHORIAS: depois de aplicar a atividade pela primeira vez, ficou claro que poderia ser utilizado o componente *placar* para deixar a pontuação do time visual, gerando um feedback do desenvolvimento deles.

Então, com uma leve base teórica a partir dos estudos do professor Kevin Werbach, já é possível pensar em alguns tipos de atividades gamificadas. No meu caso, escolhi usar a metodologia de Werbach pela familiaridade com sua estrutura, porém nada impede que sejam utilizadas outras metodologias, inclusive próprias.

Como planejar atividades gamificadas?

Essa não é uma pergunta simples de se responder, já que se trata de uma área relativamente nova de pesquisa, ainda mais quando falamos do seu uso em educação. Pesquisadores e professores criaram métodos e visões distintas em relação ao processo de concepção destas atividades.

Chou (2015), em sua pesquisa sobre gamificação, criou a metodologia Octalysis.[7] Bem completa, a metodologia baseia-se em oito eixos, cada um com seus diversos elementos para entender gamificação.

Apesar de completa, tantos critérios e possibilidades podem confundir alguns educadores que tenham interesse em aplicá-la em suas aulas; de qualquer modo, é muito válido saber ao menos como funciona.

Outro modo de se abordar a gamificação é basear-se na tríade delineada por Werbach (2012) que, como vimos anteriormente, divide a experiência em dinâmicas, mecânicas e componentes, categorias de elementos dependentes um do outro em sua criação. A metodologia de Werbach se mostra mais compreensível e aplicável que a Octalysis, em nosso contexto.

Porém, pensando em educação, seria interessante que, além da descrição de todos esses elementos, houvesse realmente um roteiro detalhando o processo de criação, algo mais específico e compreensivo. Quanto a isso, Huang e Soman (2013) traçam um percurso segundo o qual primeiro deve se entender o público-alvo e o contexto no qual você quer aplicar a gamificação, definir os objetivos de aprendizado, estruturar a experiência e identificar os recursos, para posteriormente aplicar os elementos de gamificação.

----

7 Confira mais sobre no link: https://yukaichou.com/gamification-examples/octalysis-complete-gamification-framework/. Acesso em: 22 jan. 2021.

Outros pontos que Huang e Soman (2013) acreditam que devem ser levados em consideração são os seguintes:

Qual a duração da sequência didática?

Em que ambiente a sequência será conduzida?

A atividade será realizada em grupo ou individualmente?

Se em grupo, compostos por quantas pessoas?

Huang e Soman (2013) afirmam que tais perguntas são *pain points*, algo como "pontos de dor" em português, fazendo referência a situações que, se não forem devidamente pensadas, podem causar problemas quanto ao aprendizado dos alunos, que seriam as "dores".

Na prática, você pode utilizar a estrutura sugerida pelos autores e criar uma tabela para preencher os campos tal qual um formulário, gerando maior visibilidade a cada uma das questões, organizando e evitando que alguma parte do processo seja esquecida.

TABELA 1
Conceitos de Huang e Soman (2013), aplicados à gamificação na educação.

ETAPAS DO PROCESSO	DESCRIÇÃO
Entender o público-alvo e o contexto em que a metodologia será utilizada	
Definir os objetivos de aprendizado	
Estruturar a experiência	
Identificar os recursos	
Aplicar os elementos de gamificação	

Na atividade criada para os alunos de inglês não foi utilizada essa estrutura de maneira rígida, mas é claro que esses pontos foram pensados. A gamificação não é uma ciência exata, em que as fórmulas serão iguais para todos os casos. Adaptações são bem-vindas e muitas vezes necessárias, pois cada professor descobre o que funciona melhor, caso a caso.

Contextos e necessidades diferentes criarão requisitos para a produção de gamificações específicas. Dessa forma, um sistema muito complexo pode encontrar uma base sólida na Octalysis de Chou (2015), enquanto projetos relativamente mais simples podem utilizar modelos como o de Werbach (2012).

Um ponto essencial e muito relevante a se destacar é que a atividade gamificada não pode se tornar algo extremamente criterioso, cheio de regras, chato ou desinteressante, pois para isso já existem diversos candidatos no dia a dia do estudante.

Existe um termo criado no contexto de jogos educacionais de baixa qualidade que podemos emprestar para gamificações ruins, que é o *chocolate-covered broccoli*,[8] que significa colocar chocolate em cima do brócolis para tentar fazê-lo ficar mais gostoso, mas no fim criando algo estranho. Correlacionando com o nosso contexto, seria como colocar uma camada malfeita de gamificação em cima de uma atividade, acreditando que ela vai melhorar simplesmente por isso, o que não faz sentido algum.

A gamificação e os baby steps

Já dissemos que a abordagem do design thinking ressalta a importância do protótipo, em especial a sua fase de planejamento, que pode envolver mais ou menos passos, dependendo da perspectiva utilizada. Sempre temos as etapas de

---

8 Saiba mais sobre o termo em: https://tedium.co/2019/05/09/edutainment-math-blaster-chocolate-covered-broccoli/. Acesso em: 22 jan. 2021.

Observação e Empatia em relação ao que está acontecendo, seguidas de Pesquisa e Ideação sobre o assunto, levando à Prototipação e Teste.

A ideia do design thinking vai ao encontro dos baby steps: o professor deve aplicar algo que já entendeu como funciona, um conteúdo com o qual se sente confortável em trabalhar, observar sua turma, pesquisar o que pode ser feito, ter ideias a partir disso, prototipar e testar uma aula. Para quem tem interesse em saber como o design thinking funciona, a Universidade de Stanford tem uma extensa pesquisa sobre o assunto, com diversos materiais abertos ao público.[9]

Esse protótipo pode ser aplicado quando um professor, do ensino infantil ao médio, por exemplo, cria troféus em formato de adesivo, carimbo ou mesmo utilizando uma simples folha impressa, bonificando os alunos por atividades realizadas. Fazer toda a lição de casa, bom comportamento, proatividade, participação, são alguns dos quesitos que podem render troféus para esses alunos. Nesse contexto, abordagens feitas em meio analógico podem ser realizadas e aplicadas em meio digital, e vice-versa.

Pode parecer pouco o fato de ser usado apenas um componente nessa gamificação (troféus), mas muitas delas começam simples e outras até continuam simples, pois se encaixam no contexto e são suficientes.

Um professor que se sinta confortável com a abordagem de bonificação com troféus pode pensar em um segundo momento oferecer itens pela realização de desafios, como leituras, criação de resumos, treino de exercícios. Esses itens ou bonificações podem ser simples, como poder escolher o lugar onde vai se sentar, poder dar uma volta ao acabar a lição, sair dois minutos antes para o lanche.

---

9 Confira os materiais em: https://dschool.stanford.edu/resources. Acesso em: 22 jan. 2021.

Em uma terceira fase de expansão, o professor pode promover uma competição saudável entre salas, oferecendo algum tipo de conteúdo desbloqueável ou troféu para a turma vencedora – lembrando que nem sempre esse conteúdo ou troféu precisa ser algo físico, pode ter, por exemplo, uma representação virtual (um pôster digital, uma mensagem em um site, um emblema em uma rede social).

Os professores também podem se organizar e fazer desafios interdisciplinares, a partir de missões, que podem envolver pesquisa, escrita, apresentações e protótipos, entre outros produtos, para incentivar a gamificação no ambiente escolar através das matérias.

No meu contexto, em disciplinas que envolvem modelagem 3D no ensino técnico e superior que leciono, descobri que era necessário uma abordagem simples de gamificação para solidificar conhecimentos, analisar repertórios e dificuldades, por meio de ferramentas como quizzes, interação pelo Kahoot[10] e Mentimeter.[11] Mas, para entender isso, precisei observar as necessidades da turma, pesquisar ferramentas e ter ideia de algo que fosse interessante.

Essa ideia teve de ser lapidada ao longo do tempo, para que cada vez que eu a aplicasse ela fosse mais efetiva, porém a única maneira de entender e conseguir essas informações era tentando, não havia outro jeito.

Já nos cursos livres de gamificação que planejei, todas as aulas tinham um conteúdo constante de gamificação, em que a própria estrutura e experiência do curso é gamificada, para que o aluno não só aprendesse gamificação, mas pudesse vivenciá-la. Assim ele entenderia melhor os recursos utilizados pelos seus próprios alunos, quando estivesse na posição de professor.

---

10 Link do Kahoot: https://kahoot.com/. Acesso em: 22 jan. 2021.
11 Link do Mentimeter: https://www.mentimeter.com/. Acesso em: 22 jan. 2021.

Grande parte do sucesso de uma aplicação de gamificação abrange o conforto do professor em utilizar a metodologia; por isso, no lugar de uma cobrança irreal ou complexidade de projeto, dê espaço a ideias simples e protótipos.

Insira componentes de maneira gradativa em um contexto controlado e sem muito alarde. Nesse contexto, algumas ferramentas digitais gratuitas que serão descritas no livro podem ajudar bastante, pois vão economizar trabalho e otimizar tempo!

Gamificações são criadas a partir de diversas metodologias diferentes, podendo apresentar um só elemento ou até dezenas. O importante é que a gamificação criada gere motivação, traga engajamento e facilite o aprendizado.

Cada caso é um caso

Muitos educadores que buscam inserir metodologias ativas em sala de aula costumam sentir angústia por terem de repensar em pouco tempo todo um currículo e garantir que toda a disciplina esteja em concordância com as novas diretrizes. É preciso entender que a gamificação não precisa ocupar todo o espaço da sua aula, nem é necessário que seja utilizada todos os dias.

Em algumas disciplinas que leciono, encontro maior espaço para o uso da gamificação; em outras, encontro um espaço mais limitado, mas que ainda assim existe e deve ser explorado.

Se em sua aula você consegue visualizar projetos grandes, com direito a narrativa e diversas outras características, isso é ótimo! Mas, caso você apenas utilize algum tipo de quiz gamificado para a revisão de conceitos próximos a testes, também existe bastante valor nisso.

Educadores estão em níveis de educação diferentes, em realidades distintas e ensinando todo tipo de conhecimento, por isso cada um encontra sua solução junto à metodologia.

Gosto de me referir às metodologias disponíveis atualmente como uma caixa de bombons deliciosos, cada um com seu recheio próprio e que o faz único; posso pegar um por vez ou fazer uma combinação deles e definir a intensidade com a qual cada um contribui.

A gamificação, os pontos e avaliação

Se você jogou nos antigos arcades ou em algum console retrô, no computador ou em tablets e em celulares, percebeu que um dos elementos mais utilizados pelos desenvolvedores de jogos são os pontos.

Os pontos aparecem como uma estrutura inerente à maioria esmagadora dos jogos e é a partir deles que muitos jogos de competição se baseiam, mas é preciso ponderar um pouco em relação aos pontos quando estamos falando de educação.

Da mesma maneira que um professor não demonstra publicamente a nota de todos os alunos referente um projeto, ranqueando da maior para a menor nota e elegendo vencedores, talvez não devamos fazer isso em momentos avaliativos muito importantes para os alunos.

Muitos deles consideram suas notas como uma das partes mais estressantes da escola. Em razão disso, deve-se avaliar muito bem se as atividades gamificadas devem gerar um fator de preocupação ao estudante.

Uma abordagem muito comum em jogos digitais são os rankings contextualizados para o jogador. Por exemplo, digamos que você está na posição de número 35 de um ranking. Em vez de compararem você com os primeiros lugares, o comparam com quem está próximo de você, como os números 37, 34, 33, dentre outros.

O que vale aqui é pensar como a experiência pode ser personalizada, proporcionando motivação e reflexão aos alunos, ao permitir que eles ganhem e acumulem pontos de experiência, em vez de simplesmente ganharem uma nota, por exemplo.

Públicos do ensino infantil e fundamental, principalmente, podem ser mais sensíveis a esse tipo de informação, já que estão em um processo formativo básico. Desse modo, a pontuação pode ser retrabalhada, evitando um ranqueamento escancarado de alunos.

Por exemplo, a atividade também pode exigir que exista cooperação e responsabilidade com o próximo como maneira de conseguir pontuar, assim como na atividade que apliquei com os alunos de inglês, em que cada um dependia do outro para acertar e vencer.

Esse retrabalho pode envolver inclusive algumas habilidades valorizadas atualmente, como as cognitivas, interpessoais e intrapessoais. Assim, em vez de a competição ser individual, por que não formar grupos pequenos que competem entre si, minimizando o efeito da pontuação?

As habilidades do século XXI[12] (NATIONAL RESEARCH COUNCIL, 2012) e que podem ser exploradas pelos professores são as seguintes:

Cognitivas: pensamento crítico, poder de tomar decisão, comunicação, capacidade de resolver problemas, interpretação, habilidade de escutar, criatividade e razão e argumentação.

---

12 Conheça um pouco mais sobre em: https://porvir.org/conheca-competencias-para-seculo-21/. Acesso em 26 jan. 2021.

Interpessoais: cooperação, negociação, comunicação assertiva, autoapresentação, confiança, responsabilidade, empatia, trabalho em equipe, liderança, resolução de conflitos e valorização da diversidade.

Intrapessoais: responsabilidade, cidadania, profissionalismo e ética, iniciativa, flexibilidade, perseverança, determinação, interesse intelectual e curiosidade.

Imagine que interessante se a avaliação a ser realizada considerasse não só o simples acerto ou erro de algo, mas sim envolvesse o percurso do aluno até então, um aluno que não acertou muitas questões, mas ainda sim pode ter desenvolvido diversas habilidades cognitivas, interpessoais e intrapessoais.

Leve as habilidades do século XXI – também chamadas de *soft skills* – em consideração, pois elas serão úteis não só em gamificação como também em outras metodologias, e para além desse universo.

Experiências de professores com gamificação

Separei a seguir algumas experiências de outros educadores que pesquisaram e aplicaram sequências didáticas com gamificação em sala de aula. Perceba que em cada caso, do ensino básico ao superior, temos abordagens bem distintas, tanto do ponto de vista tecnológico quanto do ponto de vista de mecânicas, elementos e dinâmicas.

GAMIFICAÇÃO POR MEIO DE REDES SOCIAIS

Professores de ensino médio técnico, a partir das bases da gamificação, desenvolvem projetos em áreas distintas, como De Jesus e Silveira (2018), que, tendo como referência a rede social educacional Edmodo, criaram um ambiente que propunha uma narrativa básica aos alunos, que reproduzo a seguir.

> *Vocês fazem parte de uma equipe de desenvolvimento de games de uma empresa e precisam trabalhar em diferentes fases do desenvolvimento de jogos. No final devem apresentar um protótipo "jogável" de um Jogo.* (DE JESUS E SILVEIRA, 2018)

Essa narrativa oferecia side quests (missões secundárias), que consistiam em tarefas e deveres que o aluno poderia optar por fazer. Tais tarefas podiam resultar em bônus que envolviam a mudança de prazos, até eliminação de uma questão em uma prova, sendo assim, por meio de uma estrutura "gamificada", esses professores conseguiram engajar os alunos a fazerem atividades extras e se motivarem com o processo educacional como um todo.

Observe como nesse exemplo a gamificação esteve integrada à proposta durante todo o processo, gerando inclusive mais oportunidades, ao criar atividades-extra (missões secundárias) para que os diferentes alunos pudessem participar.

GAMIFICAÇÃO E RPG

Silva et al. (2015) desejavam tornar o conteúdo ministrado em sala de aula mais divertido, dinâmico e envolvente, lidando com conteúdos de mais de uma disciplina.

Primeiramente, eles definiram quais disciplinas seriam trabalhadas, escolhendo língua portuguesa, história, sociologia, geografia e técnicas de produção audiovisual. Os conhecimentos dessas disciplinas estariam associados a um período histórico específico.

A atividade consistia na criação de um documentário de 15 minutos sobre a invasão holandesa no Brasil, uma atividade grandiosa que os professores dividiram em missões. Eles perceberam que os alunos adoravam jogos de RPG (Role-Playing Game), estilo de jogo interpretativo no qual os jogadores encarnam personagens, a partir de missões e desafios.

Para tanto, foram escolhidos os elementos clãs de personagens (times), classe de personagem, níveis, recompensas e pontos. Ao todo, seriam sete missões, envolvendo a criação do documentário que envolviam definição de material necessário, roteiro, storyboard,[13] checkpoints de verificação de qualidade e, finalmente, a entrega do produto.

Durante o processo, enquanto as entregas eram feitas, os alunos recebiam feedback a partir do desempenho por troféus e ranking. A atividade culminou em projetos melhores, já que os grupos se sentiam motivados, provando a hipótese da pesquisa que envolvia motivação e a viabilidade da gamificação.

A atividade foi realizada para diversas disciplinas, mas poderia ter sido feita apenas para uma disciplina, criando um vídeo menor, de 3 minutos, por exemplo. O interessante aqui é como, em vez de criarem simples grupos de trabalho, motivaram os alunos por meio de uma estrutura de RPG, conhecida de modo geral por eles.

GAMIFICAÇÃO A PARTIR DE CAÇA AO TESOURO

Garofalo (2019) criou uma atividade de gamificação que envolvia recursos analógicos e digitais. A atividade consistia em espalhar diversas folhas com QR Codes[14] em um ambiente. Cada QR Code conteria informação sobre um desafio ou um enigma

---

13 Storyboards são folhas que contêm diversos quadros para que uma ação possa ser demonstrada de uma maneira visual, tal qual uma estrutura de história em quadrinhos.

14 O QR Code é uma evolução do Código de barras e são aqueles códigos quadrados que, ao serem escaneados pela câmera de um celular, podem exibir outros conteúdos.

maior. Os alunos teriam de trabalhar em conjunto e promover uma verdadeira caça ao tesouro para desvendar o que os códigos queriam dizer.

> *Para as atividades com os estudantes, você pode esconder pistas e propor que a turma use seus celulares para descobrir o significado, que estará oculto, em cada QR Code. Imagine, por exemplo, que você esteja trabalhando a história da Arte Moderna. Você pode transformar as imagens em QR Codes para que os alunos desvendem uma pista atrelada ao tema da aula e ajudar na compreensão do tópico.* (GAROFALO, 2019)

Um elemento muito importante dessa atividade é que, apesar de não existir uma grande narrativa dentro dela, ela oferece recursos para que uma narrativa emergente seja criada. Os alunos explorarão os QR Codes com as pistas de dezenas de jeitos diferentes, tentando encontrar a solução. Essa abordagem da professora Debora Garofalo serve como um exemplo de como tecnologias simples podem, sim, trazer gamificações igualmente interessantes.

Esses exemplos também derrubam o mito do uso de tecnologia na gamificação: com o acesso a um e-mail ou a listas de exercícios impressas ou em lousas já é possível começar suas iniciativas.

Ferramentas
para a criação de gamificações

FLIPPITY

Flippity é um site que permite uma série de criações relacionadas ao mundo da gamificação a partir de planilhas do Google Drive. Sim, você leu corretamente, por meio de algum trabalho dos desenvolvedores, temos planilhas que automatizam processos, como criação de ranking, exibidor de insígnias, pequenos escapes rooms, randomizadores para trabalhar a sorte, criação de certificados, entre muitos outros.

Alguns tipos de planilha são mais difíceis de usar do que outros, mas com um pouco de estudo é possível concluir essa tarefa, pois a plataforma oferece, além do template, instruções e versões demo para teste de um tipo de planilha.

Cabe ao educador fazer um passeio pelo site do Flippity, testar as versões demo disponíveis e escolher qual pretende usar!

> **Onde encontrar:** https://www.flippity.net/
> **Plataformas disponíveis:** navegadores.

KAHOOT

Kahoot é uma ferramenta que oferece quizzes ágeis e interativos, que podem ser utilizados em sala de aula. No Kahoot é possível criar suas próprias perguntas e criar uma sala onde os alunos, a partir de um código, podem acessar o conteúdo em seus notebooks e smartphones, e interagir.

A interface é simples, colorida e feita para que até alunos mais jovens consigam utilizá-la. É uma ótima ferramenta diagnóstica, pela qual um professor pode preparar algumas perguntas sobre um assunto e entender onde os alunos estão acertando mais ou menos.

A plataforma ainda oferece um sistema de pontuação, porém, dependendo da faixa etária e do contexto, o uso escancarado de pontos pode desmotivar – essa é uma questão a ser analisada pelo professor que aplicará a ferramenta.

A ferramenta também disponibiliza conteúdo que já tenha sido criado pela comunidade de professores anteriormente. Pesquisando o termo "sustentabilidade", por exemplo, o Kahoot encontrou 2.774 resultados.

FIGURA 7
Professora utilizando o Kahoot em um workshop sobre gamificação.

Dê uma chance à plataforma, acesse o site, procure pelo botão Discover e digite algum termo-chave que descreva sua disciplina ou um assunto que esteja trabalhando. Tenho certeza de que você encontrará algo para usar de base.

Na versão gratuita, temos as modalidades de múltipla escolha e verdadeiro ou falso. Caso o professor sinta a necessidade de uma maior personalização, a plataforma oferece serviço de assinatura para educadores.

> **Onde encontrar:** https://kahoot.com/.
> **Plataformas disponíveis:** IOS, Android e navegadores.
> **Outras ferramentas:** caso queira testar outra ferramenta, experimente a ProProfs (https://www.proprofs.com/quiz-school/).

HABITICA

Já pensou em organizar as atividades e afazeres dos alunos como se fosse um RPG? De repente, uma simples lição de casa vira uma missão principal, para a qual serão atribuídos 100 pontos de experiência; a resolução de uma lista de exercícios pode se tornar uma side quest (missão secundária), oferecendo outros 20 pontos. Essa é a ideia da plataforma Habitica: transformar ações do dia a dia em uma gamificação.

Você pode utilizar a plataforma para ajudar a criar hábitos bons ou desestimular hábitos ruins, com um controle de pontuação e uma vida para seu avatar. Caso você ignore os hábitos que deve incentivar ou desincentivar, sua vida cai até o seu personagem "morrer" (perder todos os pontos de vida).

Em outra aba, a plataforma permite que você crie uma lista de afazeres, onde se ganham e perdem pontos, conforme o seu desempenho. Para incentivar ainda mais o usuário, é possível acumular uma moeda interna e utilizá-la para comprar itens e deixar o seu avatar customizado.

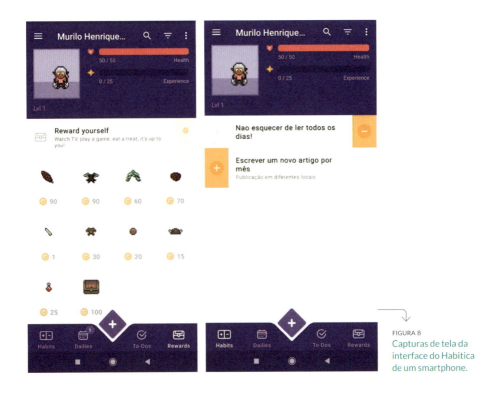

FIGURA 8
Capturas de tela da interface do Habitica de um smartphone.

Um dos elementos mais interessantes do Habitica é o feedback contínuo. Você sempre vê o seu nível e sua barra de experiência e sua vida, ou seja, você está constantemente atualizado em relação ao seu desempenho.

Araújo (2015) indicou alguns tipos de abordagens educacionais que podem ser feitas com o aplicativo, dentre elas o exercício de hábitos positivos, a supressão de hábitos negativos e o uso criativo de tarefas.

> *Aconselha-se a quem pretenda utilizar o Habitica a planear um calendário com uma sequência de desafios tornando o envolvimento dos alunos no jogo contínuo e mais interessante. Ao associar tarefas que os alunos terão que realizar para o sucesso na sua disciplina,*

proporciona a estes uma motivação extrínseca atravês do Habitica. Neste caso resulta muito bem com alunos que jogam com intenção de serem os melhores ou que gostem de colecionar os mais variados itens. O facto de em cada desafio ser possível ver a posição de cada elemento aumentará a motivação para ultrapassar os colegas. (ARAÚJO, 2015)

Uma questão a ser levada em consideração em ferramentas como essa é o tempo para gerenciá-las, pois "exigem" que o usuário vá atualizando e acompanhando uma série de hábitos e afazeres.

Ficou curioso? Faça um teste. Tem algum livro que você queria ler ou curso que deseja fazer? Algum conhecimento que quer atualizar? Use a si mesmo como cobaia e teste o aplicativo. Só conseguimos aplicar em sala de aula recursos com os quais nos sentimos confortáveis.

> **Onde encontrar:** https://habitica.com/static/home.
> **Plataformas disponíveis:** IOS, Android e navegadores.
> **Outras ferramentas:** caso queira testar outra ferramenta, experimente o Do It Now. (https://play.google.com/store/apps/details?id=com.levor.liferpgtasks&hl=pt_br).

CLASSDOJO

ClassDojo é uma plataforma focada no ensino infantil e fundamental que oferece toda a estrutura de organização de turmas, em um ambiente totalmente gamificado. É gratuita para professores.

A plataforma é lúdica e conta com dezenas de personagens amigáveis, que podem se tornar avatares. Os professores podem criar uma ponte entre a escola e os pais, já que há como compartilhar momentos com a família por meio da plataforma.

Os alunos podem ganhar uma série de conquistas e troféus com base em seu comportamento e construir portfólios digitais com suas criações e trabalhos, tendo uma nova camada de interação e engajamento.

> *Informações sobre o desempenho dos alunos podem ser compartilhadas com os pais, assim como mensagens diretas e fotos, permitindo o compartilhamento do dia a dia da sala de aula. Tanto os alunos como seus responsáveis podem visualizar os badges aplicados pelo professor em uma tela que exibe os comportamentos positivos e negativos na forma de um gráfico, além da lista de badges recebidos pelo aluno durante a semana. Cada aluno possui um avatar chamado de monstro, que pode ser personalizado de acordo com suas preferências, como formato, cor, tipo de olhos, boca e roupa.* (BARTOLI, 2017)

Outro ponto relevante é o fato de a plataforma ter uma comunidade gigantesca, que se organiza em fóruns e grupos, com o objetivo de compartilhar experiências e de se ajudar.

A plataforma demanda um trabalho inicial grande, a fim de preparar o ambiente e registrar os seus alunos, mas ela começa a compensar com o tempo de uso.

> **Onde encontrar:** https://www.classdojo.com/pt-br/.
> **Plataformas disponíveis:** IOS, Android e navegadores.

TED-ED

Durante pesquisas no Youtube ou navegando por redes sociais, muito provavelmente você já teve contato com vídeos do TED ou TEDx (eventos independentes), que costumam trazer um especialista sobre um assunto para falar sobre algo ou uma pessoa que tenha uma história inspiradora para contar.

De modo geral, os vídeos do TED são muito interessantes e fornecem um número grande de informações de um modo mais fácil de digerir. Sendo assim, foi criado o TED-Ed, que cria uma camada de interação em cima dos vídeos, com alguns princípios (dinâmicas, mecânicas e elementos) de gamificação.

É possível editar o vídeo mantendo só as partes que mais interessam, adicionar texto criando uma narrativa para acompanhar o vídeo, criar questões dissertativas e de múltipla escolha, adicionar textos e comentários que forem necessários, e criar fóruns de discussão.

FIGURA 9
Uma apresentação incrível, porém passiva, pode se tornar um ambiente de interação, com perguntas, provocações, notas e curiosidades.

FONTE:
UNSPLASH –
CHARLES DELUVIO.

E os vídeos que podem ser utilizados não são apenas de TED Talks, a plataforma também busca vídeos do Youtube, por isso as possibilidades tendem ao infinito. O professor pode usar um vídeo pronto ou mesmo fazer o *upload* de um vídeo no Youtube e utilizá-lo depois no TED-Ed.

O site ainda conta com uma curadoria, disponível no botão Discover, que se divide em Lessons e Series. Em Lessons, encontramos aulas já preparadas e divididas por assuntos, enquanto em Series navegamos por temas gerais. Clicando em qualquer um dos temas, existe uma seleção de vídeos relacionados.

A grande magia da plataforma é transformar um vídeo em um recipiente de interação diversificado. Então professores, em vez de pedir que os alunos simplesmente vejam um vídeo, podem fazer uma aula a partir desse recurso audiovisual.

Em nosso contexto nacional, em que a inserção de tecnologia em sala de aula é um grande desafio, ferramentas como Ted-Ed podem ajudar e muito a iniciar um movimento de mudança, pois não dependem de muita estrutura tecnológica e nem que o professor entenda muito o funcionamento da ferramenta. Já existem relatos nacionais sobre o uso do Ted-Ed.

Como o conteúdo é consumido via internet e navegador, ele permite que ocorra uma dinâmica de sala de aula "invertida", na qual os alunos podem ter bases teóricas e de referência em casa, com os vídeos e perguntas, e no período efetivo da aula interagir com o professor em outras atividades e discussões.

> **Onde encontrar:** https://ed.ted.com/educator.
> **Plataformas disponíveis:** navegadores.
> **Outras ferramentas:** uma plataforma parecida é o site EdPuzzle (https://edpuzzle.com/).

SOCRATIVE

Socrative é uma plataforma que lembra o Kahoot, porém possui algumas diferenças. É possível criar uma série de quizzes interativos, de múltipla escolha, verdadeiro ou falso e respostas curtas. Uma adição bem útil é o modo Space Race, que mostra em tempo real como grupos de alunos estão se saindo na atividade, oferecendo feedback.

FIGURA 10
Modo Space Race do Socrative.

Para fazer ou criar as atividades, a plataforma oferece a possibilidade de login como aluno ou professor, basta inserir um código de turma – a possibilidade de organizar as atividades por turma é uma grande vantagem.

Outro ponto interessante é que é possível deixar alguns exercícios em aberto para os alunos irem fazendo quando quiserem, tal qual uma plataforma on-line com exercícios disponíveis, tornando o aprendizado mais adaptável.

> **Onde encontrar:** https://socrative.com/.
> **Plataformas disponíveis:** navegadores, Android e IOS.

QUAL FERRAMENTA ESCOLHER?

Acredito que essa seja uma resposta impossível de ser dada com precisão, afinal, cada escola, cada ambiente educativo, cada professor e cada turma são diferentes, então a resposta não pode ser simplista e única.

Toda plataforma tem seus prós e contras, e cabe ao professor, a partir da pesquisa e da própria experiência com a ferramenta, julgar a utilidade dela em sala de aula.

É preciso entender que cada plataforma terá uma curva de aprendizado e que nem todas elas servem para se testar em uma aula de 50 minutos e nunca mais ser utilizada, pois muitas demandam uma ambientação e domínio do aluno em relação à plataforma.

Durante a execução do projeto, notou-se também que quanto maior o período de acesso do aluno na plataforma virtual de aprendizagem, maior é sua habilidade de navegação na interface, facilitando a interação e gerando maior contribuição para o grupo. (ROSSATO, 2012)

Um ponto crucial em toda essa iniciativa é se permitir tentar. Então, você pode, por exemplo, testar os templates do Flippity para diversas atividades, integrar o Kahoot em revisões para provas, usar o TED-Ed quando for fazer uso de algum conteúdo de vídeo. Estes são exemplos de baby steps que têm o poder de dar segurança ao professor e permitir que ele evolua cada vez mais em suas gamificações.

Nem toda gamificação precisa ou é digital, ela pode ser analógica também – e não se esqueçam, as ferramentas estão disponíveis apenas para facilitar a nossa vida. A imposição pura e simplesmente de algo nunca é interessante, então analise o que se encaixa e tem uma aderência maior ao seu universo e às suas propostas.

Gamifique-se!
E gamifique os outros!

Um "mantra" que será repetido ao longo de toda a obra será o convite ao leitor para testar muitas das ferramentas e conceitos apresentados no livro, pois é impossível aplicar um recurso e ensinar algo a partir dele quando não se tem segurança e familiaridade.

Não acredito em pura teoria, mas sim em uma combinação da teoria com a prática que trará resultados mais significativos, permitindo que testemos uma série de hipóteses.

Então pense primeiro de que modo a gamificação pode entrar na sua vida e\ou rotina. Quer aprender algum idioma novo ou treinar um que você já saiba? Use o Duolingo. Precisa relembrar conhecimentos em um tópico específico da sua disciplina? Procure um quiz do Kahoot sobre o assunto.

Tente se organizar utilizando o Habitica ou mesmo realizar algumas atividades disponíveis no site TED-Ed, o que vale é se apropriar e ter uma vivência relativa à gamificação.

Um teste muito interessante é o uso do aplicativo Semper, pois ele fornece uma série de perguntas e tem uma base de temas gigante. Você pode usá-lo como um treino normal, mas também pode pedir que o aplicativo coloque uma pergunta sempre que for desbloquear o celular, gamificando a simples experiência de desbloquear com senha. O mais interessante é que o aplicativo pode ser usado com alunos também!

O Semper,[15] por oferecer esses pequenos tempos de aprendizado, pode ser considerado uma estratégia que mistura gamificação ao microlearning, metodologia que se utiliza de pequenos e repetidos momentos de aprendizado para otimizar a experiência educacional como um todo, mostrando que as metodologias não estão isoladas.

Além do Semper, temos outra opção muito interessante e com diversos elementos lúdicos, chamada Forest.[16] O aplicativo relaciona o tempo que você fica fora do celular com a criação de uma floresta em um ambiente virtual; assim, caso fique a todo momento utilizando o celular, a floresta nunca crescerá efetivamente. Caso você realmente adquira o aplicativo, as moedas que você acumula nele podem ser utilizadas para plantar árvores de verdade, resultado de uma parceria com a ONG Trees for the Future.[17]

Trata-se de uma premissa muito simples, que serve para evitar o uso excessivo do celular, mas que tem potencial de criar hábitos positivos tanto no professor quanto nos alunos.

Este é um exemplo de gamificação que não se baseia na pura pontuação, ranking e afins, mas que traz itens desbloqueáveis (árvores e plantas) e oferece uma grande personalização do ambiente, apelando para a individualidade de cada jogador. Gera uma espécie de coleção, em que o jogador se sentirá motivado a descobrir o que mais pode coletar e desbloquear.

Se isso já não fosse suficiente, o aplicativo ainda permite criar competição entre jogadores para ver quem fica mais tempo longe do celular, gerando uma espécie de pontuação.

---

15 Disponível em: https://play.google.com/store/apps/details?id=co.unlockyourbrain&hl=pt_BR. Acesso em: 26 jan. 2021.

16 Disponível em: https://play.google.com/store/apps/details?id=cc.forestapp&hl=pt_BR. Acesso em: 26 jan. 2021.

17 Saiba mais sobre a ONG em: https://trees.org/sponsor/forest-app/. Acesso em: 26 jan. 2021.

Se você ficar distraído, suas mudas de árvores morrem. É louco, mas o pensamento de sua árvore virtual morrendo realmente motiva um jogador a completar o objetivo. (CHOU, 2015)

Esse aplicativo é perfeitamente utilizável em contexto educacional, por exemplo, desafiando e gamificando o tempo que os alunos evitam o uso do celular dentro e fora da sala de aula, fortalecendo hábitos positivos.

Para concluir, procure entender a fundo as plataformas que você quer utilizar, para fazer melhor uso delas.

Relatos de professores

ESCAPE ROOM TEMÁTICO EM EDUCAÇÃO: RESOLUÇÃO COLABORATIVA DE PROBLEMAS E DESAFIOS

<< >>

Fabiana Raulino da Silva é educadora há mais de 20 anos, formada em fisioterapia, especialista em educação e mestre em engenharia de produção. É consultora especialista na elaboração de cursos e workshops de educação na Rede Senac São Paulo, sendo uma das pioneiras na instituição no trabalho com metodologias ativas de aprendizagem, movimento maker (uma das criadoras do primeiro espaço maker do Senac) e gamificação. Organizadora de eventos voltados a inovação, criatividade, escape rooms educacionais e iniciativas relacionadas a desbloqueio criativo e tecnologias educacionais. Atua na coordenação do Núcleo São Paulo da Rede Brasileira de Aprendizagem Criativa (vinculada ao MIT e à Fundação Lemann).

<< >>

O escape room é uma atividade imersiva na qual um grupo de pessoas precisa decifrar uma sequência de enigmas em um determinado tempo para conseguir sair de uma sala. Esse jogo de fuga ocorre contextualizado em um determinado cenário e roteiro, e o grupo precisa decifrar o mistério a partir de uma sequência de ações colaborativas.

A narrativa principal tratava de um curso imersivo que ocorria em Marte. Lá, um dos astronautas havia instalado uma forma de manter segura a sala de experimentos, havendo uma chave mestra escondida que liberava a saída não autorizada em casos de emergência. Na problematização inicial do jogo, um vídeo mostrava a chegada das pessoas em Marte e a expressão de ansiedade do aluno astronauta em estar tornando segura a sala de experimentos.

Para a realização dessa atividade, utilizamos diversos materiais que já existiam na unidade escolar, como plantas, bambolês, notebooks, macarrões de piscina (reutilizados de outras instalações artísticas de outros eventos), caixas organizadoras, cubo de realidade aumentada Merge Cube – impresso em papel sulfite[18], placas Makey Makey[19], uma animação em Scratch previamente realizada como puzzle e itens de decoração da própria unidade escolar ressignificados. Foram adquiridos alguns cadeados (com chave e numéricos) e levamos malas e caixas para alocá-los. Por fim, uma velha agenda e diversas chaves doadas por estudantes. Um ponto importante foram folhas escritas como diário do último astronauta do local.

Assim que os integrantes entram na sala e interagem com o cenário e com os objetos, há uma ampliação dos sentidos e da percepção, gerando um mapeamento automático do ambiente e iniciando a necessidade de atitude colaborativa, para que a exploração e resolução dos puzzles ocorra da forma mais coordenada, rápida e eficiente. Os puzzles enriquecem o espaço com diferentes mídias, linguagens, símbolos, metáforas e tecnologias, e a sequência de resoluções vai aumentando o nível de dificuldade (level design) de abstração e de conexão (as primeiras soluções são físicas, montando ou encontrando artefatos; as demais são mais cognitivas, explorando conexões, pesquisa, senso crítico e, principalmente, a sensação única da experiência de aprendizagem advinda da prática). As imagens utilizadas foram advindas de REA (Recursos Educacionais Abertos), sendo obtidas a partir de busca feita no Google com direitos de uso assinalados como "marcadas para reutilização"). No mapeamento

---

18 Confira em: https://www.plan.lib.fl.us/files/MergePaperCube.pdf. Acesso em 26 jan. 2021.

19 Saiba mais sobre em: https://makeymakey.com/. Acesso em 26 jan. 2021.

inicial, os jogadores percebem diversas tecnologias educacionais que despertam a curiosidade pela interação. A linha narrativa principal pode ser adaptada a cada intencionalidade, para haver a reciprocidade dos participantes. No presente caso, criamos uma ambientação voltada ao futuro, utilizando apenas imagens projetadas, impressões, folhas rasgadas de diário com pedaços de relato (e pistas) e sucata (papelão cortado a laser, resíduo eletrônico, notebook e outros objetos da unidade escolar). Os jogadores deveriam desvendar a sequência de mistérios a fim de conseguirem resgatar a chave mestra.

A narrativa foi dividida em dez mistérios, que misturavam todas as tecnologias descritas. O desafio final abre a caixa com a chave de saída.

Essa atividade foi bem-sucedida, pois foi montada por um brilhante e engajado grupo de educadores que atuaram de forma transdisciplinar. A congruência entre todos, a comunicação, as reuniões de alinhamento e a documentação tornou mais fácil compreender e visualizar todo processo, assim como acompanhar as ações. Não há documentação e passo a passo que deem conta da realidade. Imprevistos, novas ideias, erros e desacordos fizeram parte desse processo criativo mágico, que engajou a todos.

Para esse tipo de projeto, escolher temáticas que gostaria de enfatizar com os estudantes pode ser uma ótima maneira de começar. Em um contexto real, imersivo e com estratégias de baixo custo, pense em qual tipo de experiência gamificada divertida pode ser construída em grupo. Qualquer tema pode engajar a construção do escape room para uma vivência simbólica, garantindo a jogabilidade do círculo mágico dos jogos. A fantasia, a imersão, a catarse, a narrativa, o escapismo e o desafio, além da recompensa por sair da sala, promovem um aprendizado contextualizado e com feedback imediato à ação, ressignificando o erro e valorizando a comunicação e a tentativa. A narrativa e a sequência de puzzles precisam explorar o principal objetivo, que pode ser descobrir e mapear um espaço (como um museu), codificar ou propor ações reflexivas, por exemplo.

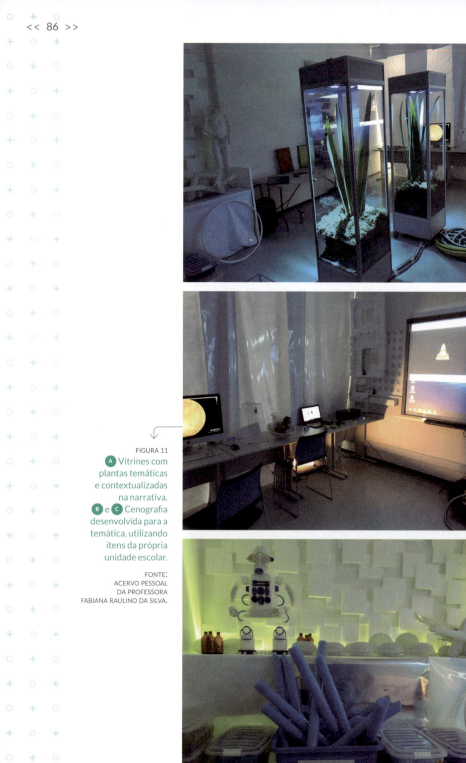

FIGURA 11
A Vitrines com plantas temáticas e contextualizadas na narrativa.
B e **C** Cenografia desenvolvida para a temática, utilizando itens da própria unidade escolar.

FONTE: ACERVO PESSOAL DA PROFESSORA FABIANA RAULINO DA SILVA.

QUIZ PARA REVISÕES UTILIZANDO O KAHOOT

<< >>

David de Oliveira Lemes é diretor da Faculdade de Estudos Interdisciplinares da PUC-SP e professor do mestrado profissional em Desenvolvimento de Jogos Digitais. Atualmente, também é professor do curso de Jogos Digitais FIAP, da Faculdade Impacta, do Colégio Fecap e de cursos de graduação da FECAP e da FAAP. Exerceu a coordenação da Escola de Inovação e Tecnologia da PUC-SP / COGEAE de 2016 a 2017. Foi assistente especializado da Pró-Reitoria de Educação Continuada da PUC-SP, no ano de 2017. Hoje, coordena diversos cursos de extensão. É doutor e mestre pelo Programa de Pós-Graduação em Tecnologias da Inteligência e Design Digital (TIDD) da PUC-SP e bacharel em mídias digitais pela mesma universidade. Estudou também artes gráficas, processamento de dados, desenho, ilustração 3D, pintura, quadrinhos e jornalismo multimídia.

<< >>

A atividade de quiz tem como objetivo aferir a retenção do conteúdo apresentado em aula, utilizando uma plataforma de aprendizagem baseada em gamificação. Além da aferição, a dinâmica ainda proporciona a possibilidade de integração da sala de aula entre os alunos e o docente.

Em muitas situações de nossa prática de sala de aula, deparamo-nos com a necessidade de revisões constantes de conteúdo. E as revisões podem ser cansativas para alunas e alunos, em função das constantes repetições.

Para deixar a prática de revisão mais lúdica, dinâmica e divertida, optou-se pelo uso da plataforma Kahoot. Essa plataforma de gamificação oferece, dentre diversas alternativas, a possibilidade de criação de testes de conhecimentos no formato de quiz.

Contudo, vale ressaltar que não optei por fazer essas revisões ao final de todas as aulas, e sim em apenas três oportunidades durante o semestre. Esse espaçamento de tempo abriu possibilidade para que os alunos revisassem os diversos conteúdos trabalhados no período.

O Kahoot é simples de operar, basta você escolher o melhor formato para sua aula e cadastrar as perguntas e as suas múltiplas alternativas. O interessante é que a ferramenta atribui pontos aos participantes durante a aplicação da atividade, o que, para a faixa etária do ensino superior, gera uma competição sadia.

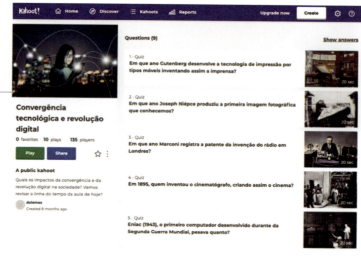

FIGURA 12
Imagem do questionário do Kahoot criado pelo professor David de Oliveira Lemes.

FONTE: ACERVO PESSOAL DO PROFESSOR DAVID DE OLIVEIRA LEMES.

Além da retenção de conteúdo, que pode ser medido com o desempenho dos alunos em provas no final de cada semestre, o componente de aprendizagem e interação social é muito grande. Em uma das minha turmas mais recentes, sabendo da aplicação da atividade, alunas e alunos combinaram de acessar a plataforma usando nomes de remédios, e não seus nomes próprios. Além de instrutiva, a aula foi incrivelmente divertida.

FIGURA 13
Nomes criativos usados pelos alunos ao entrar no Kahoot em uma aula do professor David de Oliveira Lemes: anonimato mantido e diversão garantida.

FONTE:
ACERVO PESSOAL DO PROFESSOR DAVID DE OLIVEIRA LEMES.

Para professores que estejam conhecendo a ferramenta agora, a dica é que preparem um banco de questões com quatro alternativas de resposta para cada pergunta. As respostas devem ser curtas. Ilustre a página de resposta com fotos que ajudem a contextualizar a pergunta. Acredite, as imagens ajudam muito.

As perguntas serão apresentadas em um projetor, por isso você precisará contar com um computador na sala de aula ou auditório. Os alunos responderão utilizando um aparelho celular individual.

JOGOS na EDUCAÇÃO

Jogos são muito divertidos, engajantes e interessantes, em todas suas formas, tipos e gêneros. Do jogo de tabuleiro ao digital, daqueles de plataforma aos de simulação, dos mais focados em ação aos de estratégia. Cada um é maravilhoso ao seu modo. Sendo um recurso tão potente, por que não utilizá-lo na educação?

De tempos em tempos, a mídia traz alguma notícia sobre o uso de jogos para fins educativos. Porém, apesar dessa popularidade pontual, não é em todo lugar que os jogos são bem-vistos, bem-aceitos ou utilizados em ambientes educacionais. O ensino baseado em jogos avança, mas enfrenta alguns obstáculos no caminho.

Parece, de modo simplista, que todos são categorizados dentro de uma grande "caixa", independentemente de sua categoria, entretenimento ou educacional. Os jogos são definidos por muitos como ferramentas puramente de entretenimento. A sociedade ainda nutre um preconceito pelos jogos na educação, apesar de ele estar diminuindo cada vez mais.

Muitos teóricos, ao longo das duas últimas décadas, vêm encontrando princípios de aprendizagem incorporados aos jogos. Um dos maiores expoentes é James Paul Gee, que, no clássico livro *What video game have to teach us about learning*

and literacy (2003),[1] lista e dialoga sobre dezenas deles, como a solução de problemas, a brincadeira com identidades e personalidades diferentes, o aprendizado ao lidar com erros, exercício de habilidades metalinguísticas, entre outros.

Gee continua seus estudos em *Good video games and good learning: collected essays on video games, learning e literacy* (2007), que, somado à publicação anterior, são a espinha dorsal de muitos dos estudos de jogos no mundo, ampliando e aprofundando a pesquisa.

Em âmbito nacional, a pesquisa dos professores João Mattar e Lynn Alves representam o estado da arte no que tange aos jogos e à educação. João Mattar (2010), em sua obra *Games e educação*, traz um apanhado geral do que existe de conhecimento sobre a área e Lynn Alves (2005) possui uma obra sobre jogos e violência, leitura obrigatória para qualquer pessoa que queira entender melhor a questão, pois trata-se de um assunto sobre o qual muitas pessoas acabam perguntando quando inserimos jogos na educação.

Os jogos, especificamente os digitais, são um tema fascinante, o que me levou a estudá-los a fundo durante o mestrado, focando nos jogos de entretenimento e sua relação com a educação.

Neste capítulo, entenderemos o que são os jogos educacionais e os de entretenimento, suas potencialidades e como aplicá-los na educação.

---

1 Em tradução livre "O que os jogos têm para nos ensinar sobre aprendizado e literacia".

Os jogos e seus tipos

É válido desde o começo diferenciar os tipos de jogos para que possamos falar com propriedade sobre eles, no que tange às suas diferenças e às suas peculiaridades.

Os jogos comerciais, por exemplo, são aqueles feitos com o objetivo primário de serem vendidos no mercado, não importa de que tipo são, e sim sua intenção, que é a de venda. Muitas pessoas usam jogos comerciais como sinônimo de jogos de entretenimento, mas o termo comercial é mais abrangente, pois engloba literalmente qualquer título que esteja à venda.

Jogos de entretenimento têm como foco entreter o usuário, não tendo preocupação com objetivos pedagógicos, e costumam ser vendidos comercialmente. Provavelmente vocês já devem conhecê-los, pois muitos os jogaram na infância, jogam na vida adulta ou compram para filhos e afins. São títulos muito presentes para computadores, portáteis, consoles e para celulares também.

Já os jogos educacionais são aqueles cujo objetivo principal envolve a instrução de algo. Sendo assim, a prioridade do jogo educacional não é gerar entretenimento, e sim trabalhar os seus objetivos pedagógicos – mas é claro que ele pode entreter e divertir os jogadores também!

> Os jogos educativos são definidos como aqueles que possuem um objetivo didático explícito e podem ser adotados ou adaptados para melhorar, apoiar ou promover os processos de aprendizagem em um contexto de aprendizagem formal ou informal. (DONDI; MORETTI, 2007)

Existem mais algumas divisões e discussões teóricas entre os tipos, mas, para o que nos interessa aqui, iremos nos focar na seguinte classificação:

TIPO	DESCRIÇÃO	EXEMPLOS
Jogo comercial	Vendidos de modo comercial, possuem valor específico e local de venda. Podem ser de entretenimento, educacionais ou *serious*, por exemplo.	Coelho Sabido, Minecraft, Call of Duty.
Jogo de entretenimento	Tem como objetivo primário entreter o usuário, sem qualquer preocupação com seus objetivos pedagógicos. Geralmente são vendidos comercialmente.	Call of Duty, Angry Birds, The Sims
Jogo educacional	Tem como objetivo primário a instrução. Desenvolvido com fins pedagógicos. Pode ser comercial e simulador, por exemplo.	Coelho Sabido

TABELA 1
Tipos de jogos.

FONTE: ADAPTADO DE SANCHES (2019).

Bastante informação, não é mesmo? Vou apresentar alguns exemplos práticos, para poder explicar melhor.

Imagine que você esteja jogando o Cities Skylines,[2] um jogo de entretenimento, comercial, que parece com o clássico jogo Sim City, onde você administra uma cidade e todos os seus elementos. Esse jogo se encaixa no gênero de simulação e seus objetivos todos envolvem o entretenimento. Se você procurar pelo jogo na internet e visualizar suas páginas de compra, vai encontrar uma apresentação que condiz com um jogo de entretenimento. Ele é vendido normalmente e primariamente não tem nenhum objetivo educacional.

Sua curva de aprendizado, missões, campanha e toda experiência de jogo levam em consideração o entretenimento em primeiro lugar. Se o professor pretende utilizar um jogo de entre-

2 Veja mais informações sobre o jogo em: https://www.paradoxplaza.com/cities-skylines/CSCS00GSK-MASTER.html. Acesso em: 26 jan. 2021.

tenimento na educação, caberá a ele entender se o jogo é utilizável e propor as devidas orientações e modificações, assunto que abordaremos mais à frente com calma.

JOGOS EDUCACIONAIS

Muitos dos que nasceram entre os anos 1980 e 2000 devem ter memórias afetivas envolvendo os jogos educacionais, pois eles reinaram por volta de vinte anos no mercado, tendo produtos gigantes e de respeito.

Entre o fim dos anos 1990 e o começo dos anos 2000, eu lembro de ter jogado uma série deles, já que por volta de 2000 minha família comprou um computador e com certa frequência meu pai me trazia CDs de jogos, sendo muitos deles educacionais, já que minha mãe, como educadora, acreditava no poder de me expor desde muito novo a recursos educativos variados. Muito obrigado, mãe!

Lembro com clareza de quando ganhei o primeiro jogo do *Coelho Sabido*, era o da primeira série. Joguei, zerei (terminei o jogo) e repeti esse processo diversas vezes: era tão divertido que uma criança mal notava a diferença entre um jogo de entretenimento e um educacional.

Ganhei esses jogos por mais uns dois ou três anos, acompanhando as primeiras séries do ensino fundamental, mas percebi com o passar do tempo que eles estavam cada vez menos disponíveis ao público. Em 2017, pesquisando meu tema de mestrado, descobri uma série de razões para isso.

O mercado atual de jogos educacionais é menor, apresenta escassez de produtos de alta qualidade e perde espaço para outros tipos de interação, como aplicativos, de forma geral, mas ainda tem seu nicho.

Um pouco de história

Para entender mais sobre esse tipo de jogo, vamos voltar um pouco no tempo. Um dos primeiros jogos educacionais existentes e um dos mais adorados é o The Oregon Trail.

Lançado em 1974, *The* Oregon Trail é um jogo baseado em texto. Com gráficos simples e desprovidos de animações, seu objetivo era ensinar sobre a realidade das primeiras famílias que percorreram a Trilha de Oregon. Ambientado no ano de 1848, o jogo propõe que o usuário assuma o papel de um líder de carroça, guiando pessoas do Missouri a Willamette Valley.

O jogo oferecia ampla liberdade aos jogadores, que deveriam guiar a aventura gerindo uma série de recursos e tomando decisões pela óptica de primeira pessoa. O jogo popularizou-se tanto que ganhou adaptações nas duas décadas seguintes.

Mesmo sem que houvesse muito conhecimento na época, The Oregon Trail utilizou elementos que consideramos essenciais em experiências de jogos educacionais eficazes, que envolviam liberdade de ação, exploração de possibilidades e narrativa envolvente, entre outros.

Dei uma chance a ele e resolvi jogar The Oregon Trail em uma biblioteca on-line[3] que disponibiliza jogos de DOS[4] e fiquei surpreso com o resultado: o jogo oferece uma experiência desafiante e profunda, a todo momento o jogador deve usar algum tipo de conhecimento geográfico, histórico, conhecimentos gerais, gestão de recursos, entre muitos outros elementos. O jogo era tão completo que decisões alimentares erradas poderiam resultar no adoecimento e morte dos personagens. Apesar de antigo, convido todos os educadores a jogá-lo, nem que seja

---

3 O jogo pode ser jogado em: https://www.retrogames.cz/play_687-DOS.php. Acesso em: 26 jan. 2021.

4 DOS foi um dos primeiros sistemas operacionais existentes, é o equivalente ao Windows para nós hoje.

por 30 minutos. Eu acabei jogando por muito mais tempo sem perceber, haha, achei muito divertido!

Uma habilidade que nós educadores devemos desenvolver com toda calma é a mudança de olhar, ao abordarmos esse tipo de recurso. Não podemos apenas adotar o ponto de vista do jogador, precisamos abstrair um pouco e tentar entender as estruturas desses jogos de maneira geral, pois com uma visão mais apurada de como tudo funciona é possível começar a fazer ligações entre temas e propor novas abordagens.

Na década seguinte, de 1980, com a popularização do computador pessoal, os jogos educacionais começaram a explodir e se tornaram um mercado cada vez maior e atrativo.

Um de seus maiores expoentes foi a franquia *Reader Rabbit*, que foi lançada em 1983 e contava as aventuras de um coelho por mundos fantasiosos, em jogos divididos por séries, nos quais se desenvolviam habilidades relativas à sua série específica. O jogo se tornou tão popular que ganhou mais de 175 prêmios.[5]

Pela descrição, você pode estar se perguntando: "Hmmm, eu conheço esse jogo por outro nome". Sim, no Brasil esse jogo tem o nome de Coelho Sabido, que foi extremamente popular entre crianças e jovens dos anos 1990 e início dos anos 2000.

A problemática dos jogos educacionais

Infelizmente, todo esse próspero período também foi marcado por muitos curiosos que apareceram e criaram jogos de péssima qualidade, até o ponto em que os jogos bem produzidos se tornaram minoria.

O mercado de jogos de entretenimento entregava jogos de alta qualidade e orçamento por preços parecidos com os edu-

---

5 Você pode checar a lista de prêmios completa aqui: https://en.wikipedia.org/wiki/Reader_Rabbit. Acesso em: 26 jan. 2021.

cacionais, forçando o mercado a baratear jogos que custavam até U$ 40 e oferecê-los por U$ 9.

O público não via problema em pagar entre U$ 30 e U$ 40 em um jogo *blockbuster*, como Final Fantasy, Resident Evil ou Mario Kart, mas não percebia um valor tão grande em experiências educacionais (MONTGOMERY, 2016).

Entre o fim dos anos 1990 e o início dos anos 2000, o mercado internacional de jogos educacionais regrediu muito, movimento que foi acompanhado por países como o Brasil, com um pouco de atraso.

Entretanto, no fim dos anos 1990, uma série de fatores levou a indústria à queda, no período de tempo de 5 anos, o mercado foi de algo gigante a uma palavra "suja" dentro das comunidades de jogos. (SHULER, 2012)

Existe uma problematização quanto às características desses jogos e alguns pesquisadores estudaram os elementos que mais desagradam os usuários. Savi e Ulbricht (2008) listaram os principais problemas encontrados em relação ao uso de jogos educacionais:

1. Jogos simples demais em relação aos de entretenimento;
2. Tarefas repetitivas ao longo do jogo;
3. Tarefas que não permitem a progressão do conhecimento;
4. Diversidade limitada de tarefas ou com foco em apenas uma habilidade;
5. Conteúdos projetados normalmente para o sexo masculino;
6. Linguagem incompatível com a faixa etária.

Quanto à produção de jogos educacionais, Perry et al. (2007) listaram as três principais dificuldades inerentes ao processo:

1. **Relação entre ensinar e aprender:** apesar de ser um assunto recorrente na academia, faltam metodologias específicas para o desenvolvimento desses títulos.
2. **Produção de novos jogos:** ao contrário do que acontece com os jogos de entretenimento, em que é possível reaproveitar elementos de outros títulos, no contexto dos jogos educacionais cada novo jogo apresenta um grande desafio que demanda abordagem específica.
3. **Distanciamento entre professores e alunos nativos digitais:**[6] muitos professores estão distantes quanto ao conhecimento e ao uso de tecnologia em relação aos seus alunos, aumentando a resistência e a diferença entre as gerações.

Mas, Murilo, o que me interessa saber sobre a história e o mercado dos jogos educacionais?

Eu diria que muito.

Os jogos educacionais no século XXI compõem um mercado muito menor e de nicho, que não tem muitos produtos de destaque e populares, mas que possui bons produtos localizados em seus respectivos nichos, o que nos obriga a adotar um critério cuidadoso para saber onde procurar esse tipo de conteúdo, já que existem muitos produtos vendendo mentiras.

Existe uma grande falta de comunicação entre as indústrias do entretenimento e da educação, pois geralmente os laboratórios de produção de jogos educativos e pesquisadores da área estão distantes dos profissionais que criam jogos para a indústria

---

6 Termo que se refere às pessoas que nasceram na chamada geração digital (ou geração Z), entre os anos 1990 e início de 2010, e têm total familiaridade com esse universo.

do entretenimento. É como se os mercados acontecessem de maneira paralela, sem se encontrar.

Curadoria de jogos educacionais

Como teste, procure jogos educacionais na loja de aplicativos do seu celular – Android ou IOS. Entre as categorias, procure por "educativo" e você perceberá que ela reúne majoritariamente jogos infantis em seu catálogo, afinal, crianças têm se mostrado como um público crescente (MARIOTTI, 2019) no consumo de smartphones e tablets.

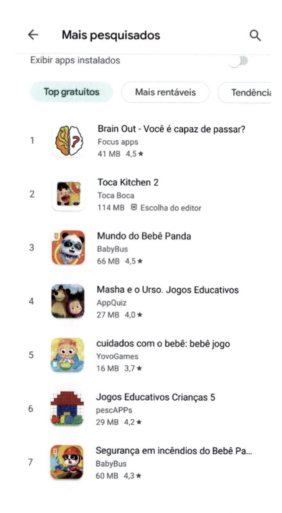

FIGURA 1
Captura de tela da categoria de jogos educativos da Google Play Store, em 20 de março de 2020.

Uma iniciativa que o professor pode ter é a de fazer uma busca a partir de termos-chave e tentar encontrar algo que possa utilizar em aula. No dia a dia, o professor deve aprender a desenvolver métodos de curadoria para facilitar a escolha. A seguir, vou descrever alguns métodos e abordagens que utilizo para gerar curadoria.

O primeiro ponto é analisar a parte gráfica do jogo. Logo que você o vê na loja, alguns jogos são tão malfeitos e mal pensados que o visual é péssimo, e imediatamente você consegue descartá-lo de sua pesquisa. Com isso não quero dizer, no entanto, que a questão gráfica tem superioridade em relação a outras, mas pode ser um indicativo da ausência de cuidado, de investimento de tempo ou de recursos no jogo.

O segundo é olhar a nota do jogo. Você encontrará produtos que pontuam muito bem e outros que pontuam de maneira péssima. Eu, por exemplo, procuro aplicativos que tenham ao menos 3,5 de nota, pois entendo que abaixo disso a probabilidade de ele ser inadequado é muito alta.

O terceiro é ler os comentários, nos quais as pessoas deixam feedbacks sobre o jogo, elogios, críticas e afins. Uma leitura rápida dos comentários te dará noção da qualidade média do jogo, possibilitando verificar se ele tem muitos problemas ou não. É essencial filtrar um pouco os comentários, pois as pessoas podem dar feedbacks vazios ou inflamados.

O quarto é efetivamente instalar o jogo e fazer uma rotina de testes nele, com o intuito de verificar se ele pode ser utilizado com algum objetivo pedagógico realmente, tentando fazer pontes com conceitos curriculares e afins. Nada te trará uma noção de aplicabilidade melhor do que de fato testar um jogo.

O quinto envolve o desempenho do jogo: para que possa ser utilizado, ele deve rodar sem grandes problemas de travamento, fechamento e com um desempenho interessante. Os celulares disponíveis no mercado variam muito em capacidade e processamento, e alguns jogos podem exigir muito do processamento e reduzir o número de modelos realmente compatíveis.

O último ponto é buscar na internet se outros educadores já utilizaram os jogos, o que pode acelerar e muito seu processo, pois você não começaria do ponto 0 e teria referências de outras pessoas para se basear.

Caso você esteja em dúvida entre dois ou mais títulos, você pode inclusive utilizar os pontos mencionados como critério de avaliação e pontuá-los de 1 a 5, sendo que o jogo que pontuar melhor será escolhido para a sala de aula. E, assim como fizemos no tópico gamificação, o ideal é criar uma tabela com critérios claros, como esta:

CRITÉRIO	DESCRIÇÃO NO JOGO
Análise gráfica	
Nota na loja	
Comentários e feedbacks	
Teste	
Desempenho	

TABELA 2
Checklist para analisar um jogo.

Mas e se eu estiver utilizando e procurando recursos para o computador?

Acredito que, independentemente da plataforma na qual um jogo estará rodando, as características de análise se manterão próximas, afinal, ele está sujeito a ter os pontos positivos e negativos aproximados; por isso, tente fazer as análises do modo mais aproximado possível.

O que pode acabar alterando são pontos muito específicos, além de os proprietários de cada plataforma, pois alguns jogos podem rodar direto de um site e não serem encontrados em uma loja on-line especificamente, entre outros detalhes.

Todas essas questões acabam por desanimar alguns professores que não dispõem do tempo necessário para criar essa curadoria ou mesmo acabam preferindo investir tempo em outras abordagens educacionais.

Mas nem tudo são pontos negativos, e é muito importante salientar o que estes jogos têm de positivo também. Existem muitas curadorias e trabalhos incríveis sendo desenvolvidas ao redor do mundo.

Dicas relativas à curadoria de jogos educacionais

A curadoria de jogos educacionais não é um processo simples, mas algumas plataformas realizam esse processo e cabe a nós explorar esses recursos, o que torna o trabalho muito mais agradável e rápido (e que educador não procura por isso, não é mesmo?).

O portal Ludo Educativo[7] possui centenas de jogos das mais diversas disciplinas e áreas do conhecimento, lembrando os clássicos sites que reuniam jogos on-line – compensa muito fazer uma visita.

O site Geografia Visual também fez uma curadoria de recursos para serem utilizados nessa disciplina, que pode ser acessado on-line.[8] Lá é possível encontrar simuladores e diversos jogos simples, mas que podem suprir várias demandas.

Cecatto (2019) fez uma pesquisa que resultou na criação de um site que mistura uma curadoria de jogos de entretenimento e educacionais relativos à disciplina de história, criando um ecossistema crescente de indicações para educadores. O site[9] ainda se dedica a falar sobre aplicação dos jogos e avaliação. Incrível!

---

7 Confira os jogos em: https://www.ludoeducativo.com.br/pt/games. Acesso em: 26 jan. 2021.

8 Disponível em: https://geografiavisual.com.br/categoria/games. Acesso em: 26 jan. 2021.

9 Disponível em: https://www.jogosdehistoria.net/. Acesso em: 26 jan. 2021.

Para qualquer educador da área de ciências sociais, vale muito a visita.

Existem outras tantas referências, mas gostaria de me focar mais aqui em criar a mentalidade da coletivização das curadorias que você educador vai acabar gerando em sua trilha, pois só assim criaremos uma realidade na qual cada vez mais conteúdo estará disponível e acessível para nosso consumo.

Na busca por referências e curadorias de jogos já realizadas, encontrei muitas pesquisas que reforçavam esta citação de Gregolin e Medeiros (2017):

> *Diante dessa problemática, a curadoria dos jogos digitais tem se mostrado um caminho a ser percorrido e se tornado uma atividade contínua e cada vez mais essencial, se observarmos a grande quantidade de jogos digitais já disponíveis e ainda aqueles novos sendo disponibilizados diariamente nas plataformas para download.*

Para concluir, procure por conteúdo acadêmico de alta qualidade. Anualmente, diversos eventos, como a SBGames,[10] e a SJEEC,[11] se reúnem para discutir entre diversos assuntos, Jogos e Educação, e publicam em seus anais artigos interessantíssimos e que sem dúvida alguma podem ajudar muitos professores. Uma boa parte do meu mestrado foi fundamentada em considerações teóricas, relatos de prática e inspirações que tive ao entrar em contato com o trabalho de outros educadores.

---

[10] Saiba mais em: https://www.sbgames.org/. Acesso em: 26 jan. 2021.

[11] Saiba mais em: http://www.comunidadesvirtuais.pro.br/seminario-jogos/2019/sobre-o-evento/. Acesso em: 26 jan. 2021.

JOGOS DE ENTRETENIMENTO

Vocês ainda lembram o que são jogos de entretenimento? São os jogos criados com o objetivo principal de satisfazer o público, sem nenhum tipo de pretensão a mais, sendo responsáveis pela maior parte desse grande mercado de consoles, portáteis e jogos para computadores que vemos por aí.

Vendo tanto conteúdo na área de entretenimento e escassez na educacional, perguntei-me se era possível utilizar jogos de entretenimento na educação, o que me levou a dar início a uma pesquisa que mais tarde se tornaria minha dissertação de mestrado.

> *Um aprendizado mais complexo vai além de isolar e treinar habilidades, mas necessita de provocação, intervenção, autoria, troca e, especialmente, um coletivo. Por isso, mesmo um jogo não didático pode ser incorporado numa estratégia pedagógica como vivência e proporcionar uma agência mais protagonista e construtora, desenvolvendo competências mais complexas.* (CAROLEI; BRUNO; ROCHA, 2017)

Descobri que, nos últimos vinte anos, foram desenvolvidas algumas pesquisas sobre o potencial de jogos de entretenimento em ambientes educacionais. E que eles, por já estarem produzidos e serem altamente polidos, poderiam ser uma opção muito viável para a utilização em ambientes educacionais.

Prensky (2006) relacionou jogos passíveis de uso no contexto de administração. Os 41 jogos identificados pelo autor foram classificados em áreas, como educação de consumidores, treinamento de gerência, orientação e habilidades de trabalho. Aldrich (2005), fez um processo parecido, mas optou por listar os jogos por tópicos para os quais eles serviam.

TÓPICO	NOME DOS JOGOS
Administração geral	Capitalism, Gazillionaire, Giant, Profitania, Roller Coaster Tycoon, Tropico, Zapitalism e Zoo Tycoon
Medicina	Emergency Room e Vet Emergency
História	1503 A.D. The New World, Hearts of Iron, Medieval Total War, Sid Meier´s Gettysburg! Stronghold: Crusader e The Rise of Nation: Throne and Patriots
Educação	School Tycoon e Virtual University
Ambiente e ecossistema	Civilization: Call to Power, Sid Meier´s Civilization, Alpha Century, The Living Sea, Star Wars: The Gungan Frontier, SimCity e Zoo Tycoon
Economia	Railroad Tycoon
Saúde	Hungry Red Planet
Liderança	Virtual Leaders
Nações	The Age of Empires, The Age of Kings, Caesar III, Europa Universalis, Patrician, Pharaoh, The Rise of Nations: Throne and Patriots e Sid Meier´s Civilization
Física	Physicus
Política	Power Politics, The Doonesbury Election Game e Power Politics III
Administração de tempo	The Sims
Planejamento urbano	SimCity

TABELA 3
Lista de jogos
conforme o tópico
abordado.

FONTE:
ALDRICH (2005).

As visões de Prensky (2006) e Aldrich (2005) colaboraram muito com a discussão sobre o uso de jogos de entretenimento na educação. No entanto, os autores não se debruçaram sobre aspectos e caraterísticas que permitissem entender os mecanismos de escolha dos consumidores, não analisando o ponto de vista pedagógico, e tampouco evidenciando o modo como a experiência é guiada em sala de aula.

Em minha pesquisa de mestrado, para entender como eu poderia analisar um jogo de entretenimento para ser utilizado, resolvi procurar por metodologias que já se propunham a fazer isso de alguma forma. Devemos nos basear sempre que possível em evidências já existentes, já que isso denota maior confiabilidade no trabalho que desenvolvemos e permite que não comecemos do zero.

Selecionei nove pesquisas relevantes que possuíam frameworks de análise tanto para estudar os jogos de entretenimento simplesmente quanto para estudá-los em contexto educacional. Observando uma a uma, é notável que cada uma delas centra-se e observa o assunto sob uma óptica específica; pessoas e contextos diferentes veem objetivos diferentes na seleção de critérios para a análise de jogos.

AUTORES / ANO DE PUBLICAÇÃO	CATEGORIA	CRITÉRIOS
Bakar; Inal; Cagiltay, 2006	Entretenimento	Vantagens, desvantagens, uso educacional e recomendações.
Junior; Vieira; Lacerda, 2017	Educacional	Concentração, desafio, imersão, interação social, habilidades do jogador, controle, objetivos claros e feedback.
Moita et al., 2013	Entretenimento	Identidade, produção, riscos, boa ordenação dos problemas, desafios e consolidação, sentidos contextualizados, ferramentas inteligentes e conhecimento distribuído, equipes transfuncionais, frustração prazerosa, interface com o usuário e fluxo.
LORI (Learning Object Review Instrument), 2003	Aprendizagem em geral	Qualidade do conteúdo, alinhamento do objetivo da aprendizagem, feedback e adaptação, motivação, design da apresentação, usabilidade, acessibilidade, reusabilidade e aderência a padrões.
Sweetser; Wyeth, 2005	Jogos em geral	Concentração, desafio, habilidade do jogador, controle, objetivos claros, feedback, imersão, interação social.
Medeiros; Schimiguel, 2012	Educacional	Qualidade do conteúdo, alinhamento do objetivo da aprendizagem, motivação, imersão, objetivos claros, feedback e adaptação, apresentação, interação social e reusabilidade.
Fu; Su; Yu, 2009	Educacional	Concentração, desafios, autonomia, clareza dos objetivos, feedback, imersão, interação social e melhoria do conhecimento.
Mohamed; Yusoff; Jaafar, 2012	Educacional	Interface, elemento educacional, conteúdo, jogabilidade e multimídia.
Savi et al., 2008	Educacional	Atenção, relevância, confiança, satisfação, imersão, desafio, habilidade/competência, interação social e divertimento.

TABELA 4
Lista de linhas de pesquisa conforme seus autores, tipo de jogo e critérios adotados.

FONTE:
SANCHES (2019).

Depois de entender quais as características de cada um desses frameworks, foi feito um comparativo estudando quais elementos mais se repetiam em cada uma delas e, com esse filtro, foi possível então montar uma versão autoral. Os critérios escolhidos foram:

1. **Acesso (plataformas e acessibilidade):** número de plataformas em que está disponível e acessibilidade a pessoas com deficiências.
2. **Adaptabilidade e ressignificação:** nível de personalização permitida, a fim de ressignificar a experiência.
3. **Curva de aprendizagem:** tempo demandado para o desenvolvimento de estruturas essenciais.
4. **Valor e reusabilidade:** acessibilidade financeira e uso em diferentes contextos e com públicos distintos.
5. **Faixa etária e linguagem:** adequação à faixa etária do público-alvo.
6. **Autonomia e objetivos de aprendizagem:** suporte para que os usuários desenvolvam sua autonomia e a aprendizagem de conceitos.
7. **Habilidades do século XXI:** desenvolvimento de habilidades do século XXI.
8. **Dimensão lúdica:** nível de imersão e suas consequências, como concentração e divertimento.

Os critérios foram equilibrados para que não só fosse analisada a perspectiva técnica ou educativa, mas para que houvesse um perfeito equilíbrio entre elas, afinal, um jogo que combine muito bem com a parte educativa pode ter problemas técnicos e vice-versa.

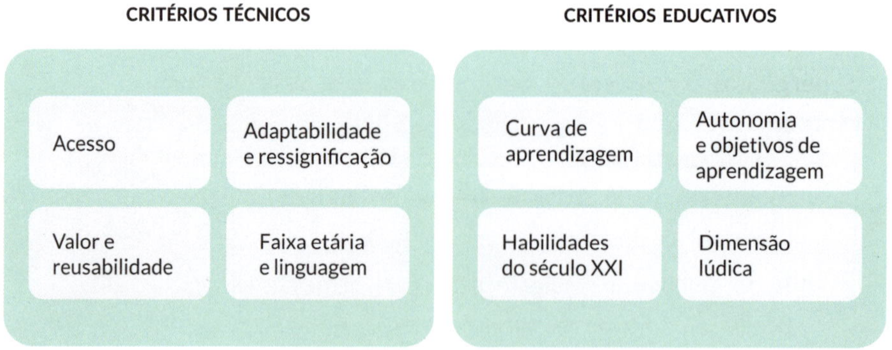

CRITÉRIOS TÉCNICOS

| Acesso | Adaptabilidade e ressignificação |
| Valor e reusabilidade | Faixa etária e linguagem |

CRITÉRIOS EDUCATIVOS

| Curva de aprendizagem | Autonomia e objetivos de aprendizagem |
| Habilidades do século XXI | Dimensão lúdica |

FIGURA 2
Critérios técnicos e educativos para a análise de jogos.

Logo, para o educador analisar a viabilidade do jogo em contexto educacional, ele deve estudar o jogo em relação ao framework, passando por esses oito critérios. Demonstrarei a seguir a análise de cinco jogos, para exemplificação:

NOME	GÊNERO	ANO DE LANÇAMENTO
This War of Mine	Estratégia	2014
Minecraft	Sandbox / Mundo Aberto	2009
Besiege	Estratégia	2015
SimCity	Simulação	2013
Assassin's Creed II	Ação / Aventura	2009

TABELA 5
Análise comparativa de jogos.

FONTE:
SANCHES (2019).

Ao escolher os jogos, foi considerada a diversidade entre os títulos, para evitar que todos tivessem o mesmo gênero, plataforma, faixa etária e ano de lançamento. SimCity é um jogo de simulação para computadores lançado em 2013, bem diferente do jogo Assassin´s Creed II, que é multiplataforma, lançado em 2009 e do gênero de ação e de aventura.

O framework foi montado com o campo *justificativa* repleto de perguntas, para que o educador conseguisse a partir delas gerar uma avaliação mais consistente e refletir sobre todos os pontos importantes do processo.

CRITÉRIO	JUSTIFICATIVA	NOTA
Acesso	O jogo é multiplataforma? Tem baixa exigência gráfica? Tem opções de acessibilidade?	
Adaptabilidade	O jogo permite adaptações? Permite MODs? As adaptações têm poder de mudar elementos significativos dos jogos? A dificuldade se adapta ao jogador?	
Curva de aprendizagem	O jogo tem uma curva de aprendizagem adequada para a carga horária da atividade? O jogo possui um flow?	
Valor e reusabilidade	O jogo tem valor acessível? O jogo oferece possibilidades de uso em mais de um contexto? O jogo apresenta uma boa relação custo-benefício?	
Faixa etária e linguagem	O jogo possui linguagem compreensível e adequada ao público-alvo? O jogo possui faixa etária de acordo com o público-alvo? O jogo possui áudio, legenda ou menus em português?	
Autonomia e objetivos de aprendizagem	O jogo permite que o jogador desenvolva autonomia com o tempo? É possível identificar princípios de aprendizagem no jogo?	
Habilidades do século XXI	O jogo permite que sejam desenvolvidas habilidades do século XXI? Quantas? De que modo?	
Dimensão lúdica	O jogo é imersivo? O jogo diverte os jogadores? Eles estão concentrados na ação?	

TABELA 6
Critérios para a análise comparativa de jogos.

FONTE:
SANCHES (2019).

A partir desse template, o educador pode responder estas perguntas e gerar a nota de cada critério, para maiores informações sobre a avaliação de cada critério é possível checar minha dissertação (SANCHES, 2019), que detalha todo o processo.

Para fins de exemplificação, veremos o framework preenchido com a análise do jogo This War of Mine, que é um jogo de estratégia lançado em 2014.

TABELA 7
Análise de
This War of Mine,
conforme critérios
técnico-educativos.

FONTE:
SANCHES (2019).

CRITÉRIO	JUSTIFICATIVA	NOTA
Acesso	Pode ser encontrado em oito plataformas diferentes. Possui baixa exigência gráfica. Não possui opções de acessibilidade.	4
Adaptabilidade	O jogo permite adaptações moderadas que mudam alguns elementos, mas elas não estão disponíveis em todas as plataformas – estão presentes principalmente na Steam (PC).	3
Curva de aprendizagem	O jogo possui flow, porém se baseia em um nível de dificuldade um pouco alto, suas mecânicas demoram um tempo relativamente alto para uma sequência didática curta, mas são cabíveis para projetos mais longos em sala de aula.	3,5
Valor e reusabilidade	É possível encontrar o jogo por uma média de R$ 35. O jogo tem usabilidade em disciplinas de História e Sociologia, o preço baixo balanceia o escopo pequeno de trabalho, tornando o jogo um custo-benefício com potencial.	4
Faixa etária e linguagem	Devido à violência, o jogo se encaixaria apenas para atividades com estudantes a partir do ensino médio. Não possui linguagem de baixo calão. Também não há interfaces, vozes nem legendas em português.	2
Autonomia e objetivos de aprendizagem	Pode demorar, mas ao longo do jogo é possível desenvolver autonomia. O jogo possui tópicos de interesse em matérias como história e sociologia, o pensamento crítico também é incentivado.	3
Habilidades do século XXI	Desenvolve habilidades como perseverança, determinação, poder de tomar decisão, análise, consciência, ética, integridade e cidadania.	5
Dimensão lúdica	Imersão e concentração profunda. Envolvimento com o gameplay e narrativa.	5
	Total	29,5

Entre os jogos analisados, foi gerada uma tabela para ranquear da maior para a menor nota, mostrando também a avaliação final do jogo. A nota máxima era de 40 pontos.

JOGO	NOTA	CLASSIFICAÇÃO
Minecraft	37,5	Fortemente indicado
SimCity	34	Fortemente indicado
This War of Mine	29,5	Indicado
Assassin´s Creed II	29,5	Indicado
Besiege	28	Indicado

TABELA 8
Resultados da análise comparativa dos jogos.

FONTE:
SANCHES (2019).

Com esses dados, cheguei a conclusões bastante importantes, que sem dúvida alguma podem ajudar professores que queiram utilizar jogos de entretenimento na educação.

Os dois jogos mais bem avaliados da análise, Minecraft e SimCity, oferecem liberdade e possibilidades de ação muito grandes ao jogador. Veja um vídeo ou jogue esses jogos e perceberá que é possível fazer muita coisa neles.

Em SimCity, por exemplo, é possível criar uma cidade do zero e administrar toda a sua estrutura: de construção de ruas e saneamento a projetos de educação, as possibilidades são imensas. Por conta disso, o jogo se torna uma bela opção para uso em sala de aula.

Já Minecraft, jogo que mais pontuou entre os cinco, destacou-se muito pelo fato de apresentar tantas possibilidades como um Lego Digital: as pessoas fazem de tudo e constroem estruturas incríveis dentro do jogo. Você consegue comandar um personagem por um mundo inexplorado, lotado de blocos e possibilidades de combinação e criação. A premissa do jogo é muito aberta, cada um cria seu estilo de jogo naquele mundo.on-line, nos quais grupos de jogadores se unem para criar cenários e produções cada vez maiores e mais ousadas, sempre com o caráter cooperativo.

Recentemente, jogadores de Minecraft criaram uma biblioteca[12] dentro do jogo com obras proibidas em alguns países, então os jogadores conseguiam burlar a censura por meio do jogo. Fascinante!

This War of Mine, no meio de toda gestão estratégica de seus elementos, leva seus jogadores a tomar decisões baseadas em moral e ética, o que pode funcionar como um bom fundo para discussões de humanidades, principalmente sociológicas.

FIGURA 3
Uma das decisões morais do jogo This War of Mine envolve roubar ou não idosos.

FONTE:
ROY (2016).

Assassin´s Creed conta com uma direção de arte tão minuciosa que pode ser utilizado para fins de exemplificação e recriação de cenários históricos. A versão que utilizamos como exemplo, Assassin´s Creed II, se passa em cidades italianas durante o Renascimento, sendo possível ver diversos locais recriados à moda da época. A série toda se passa em períodos históricos relevantes, vale a pena checar todos os títulos. A versão mais recente se

---

12 Saiba mais em: https://casavogue.globo.com/LazerCultura/Livros/noticia/2020/03/minecraft-ganha-biblioteca-virtual-que-da-acesso-obras-censuradas.html. Acesso em: 2 out. 2020.

chama Assassin´s Creed Valhalla,[13] e tem como pano de fundo a era dos Vikings. É uma franquia com jogos lançados rapidamente, então sempre tem conteúdo novo para vermos.

Besiege é um jogo de estratégia focado na construção de máquinas de guerra para atingir objetivos específicos. O jogo tem um clima de "oficina" e é possível ensinar uma série de conceitos de física e matemática por trás dos funcionamentos dessas máquinas, além de recriar máquinas históricas e conflitos.

Alguns usuários recriaram, por exemplo, as máquinas de Leonardo da Vinci dentro do jogo, e de modo funcional.

As percepções, de modo geral, indicaram que, apesar de uma grande quantidade de jogos poderem ser utilizados, existe uma tendência de que os jogos mais abertos a possibilidades (como SimCity e Minecraft) sejam mais utilizados e supram mais necessidades instrucionais e educativas. Isso porque esses jogos permitem maior personalização e inventividade por parte dos educadores.

Já os jogos menores e mais focados, como Besiege, This War of Mine e Assassin´s Creed, teriam, sim, sua utilidade, mas em um escopo mais fechado de disciplinas e contextos.

Buscando mais referências

Eu acabei de passar cinco dicas entre dezenas de milhões de jogos de entretenimento já lançados; logo, é importante que os educadores analisem os jogos por esse framework e tantos outros compartilhem seus resultados e os disponibilizem para que a base de referências seja cada vez maior.

O site Common Sense Education,[14] por exemplo, analisa uma série de jogos e seus potenciais educativos, sendo uma impor-

---

13 Confira o trailer do jogo em: https://www.youtube.com/watch?v=Ny6aL-Dhiv4. Acesso em: 26 jan. 2021.

14 Link para o site: https://www.commonsense.org/education/. Acesso em: 26 jan. 2021.

tante fonte de consulta. Nele é possível encontrar uma descrição bem detalhada do jogo, feita por pessoas que realmente os experimentaram e que atribuem uma nota, explicam como utilizar o jogo em contexto educacional e resumem se acham que o título é bom ou não para a educação.

Eles disponibilizam alguns documentos muito ricos, como o guia "Como tornar qualquer jogo educacional?",[15] que é dividido em três pontos, complementares às ideias que trouxemos até então.

O primeiro ponto é "trazer jogos de que seus alunos já gostem", pois lidar com títulos já conhecidos e que contam com a simpatia dos alunos pode ser um ótimo início aos educadores que querem inserir esses jogos em sala de aula. Lembrando que não é algo obrigatório, os jogos também podem ser inéditos.

O segundo destaca que os jogos são experiências interativas e imersivas; se forem levados como uma simples lição ou presos demais a limites, perdem a graça. É importante que os jogos trabalhem algum contexto, uma narrativa, trazendo uma base a partir da qual seus alunos possam prosseguir. O guia salienta a importância de permitir que os alunos explorem os jogos, em vez de dar instruções demais ou obrigá-los a que fiquem focados 100% do tempo na missão.

O terceiro talvez traga uma das dicas mais interessantes do documento, que é aproveitar o que o jogo traz de "destoante da realidade" como um ponto inicial para reflexões e discussões. Todos os jogos aqui apresentados são representações da realidade, cada um com uma visão e nível de complexidade, apresentando diferenças claras e inclusive desejadas em relação ao mundo real. Afinal, seria insuportável jogar um jogo exatamente igual a vida real, né?

---

15 O guia está disponível em: https://d1e2bohyu2u2w9.cloudfront.net/sites/default/files/tlr-asset/document-cheatsheetgbl.pdf. Acesso em: 26 jan. 2021.

Dicas de recursos de jogos de entretenimento na educação

Os jogos de entretenimento de forma geral não são gratuitos, mas vendidos de maneira comercial, o que demanda algum investimento para utilizá-los em atividades educacionais. Porém, existem algumas maneiras de se lidar criativamente com esses desafios e torná-los menores.

Por exemplo, os professores podem procurar por títulos chamados *free to play*, modalidade de muitos jogos on-line e de celular, que permite o uso gratuito do jogo, sendo também possível comprar itens dentro do jogo, caso o jogador queira.

Lojas digitais também oferecem cada dia mais jogos gratuitos e promoções incríveis, disponibilizando vários títulos a preços muito acessíveis.

A tendência de jogos como serviço também ajuda. Por exemplo, a Microsoft tem um serviço chamado Game Pass, que possibilita o acesso a centenas de jogos para computador e para Xbox, a partir de uma assinatura mensal.

É provável que alguns alunos tenham acesso a alguns tipos de jogos, então, talvez possam fornecer a mídia para exemplificar ou mesmo gravar e compartilhar vídeos de sua experiência jogando. É a partir de algumas limitações que soluções criativas emergem.

UM POUCO DOS DOIS?

Alguns jogos se mostram tão versáteis e interessantes que, com parcerias com institutos de educação ou por interesse de suas próprias empresas, ganharam versões educacionais.

Um dos primeiros exemplos foi SimCity (jogo de entretenimento), que ganhou uma versão educacional chamada Pollution Challenge, que, como o nome sugere, era formado por missões que demandavam que os alunos cuidassem da parte ambiental das cidades, focando na diminuição de diversos tipos de poluição.

A referência mais famosa talvez seja o próprio Minecraft, que ganhou sua versão educacional pouco depois da compra do jogo pela Microsoft, que vem trabalhando pela popularização do título para que ele continue relevante. Minecraft hoje tem uma versão EDU, usada mundialmente com muitos novos recursos e planos de aulas específicos desenvolvidos por professores, com assinaturas mais acessíveis, pensadas para o âmbito escolar.

O ponto a ser analisado de Minecraft EDU é que ele tem um modelo de negócio de sucesso sendo uma versão educacional de um jogo de entretenimento, e pode servir como norte para outras empresas. Seu site[16] é uma fonte de informação muito rica para quem deseja aprender um pouco mais sobre o assunto, e é possível solicitar uma chave de acesso temporária[17] para testes.

Não é difícil encontrar vídeos de jogadores explorando de modo turístico os cenários cuidadosamente recriados de Assassin´s Creed. Muito provavelmente pensando nisso, quando o título Assassin´s Creed Origins saiu, eles lançaram uma versão educativa chamada Discovery Tour. A versão retira a parte de ação do jogo e dá diversas ferramentas a mais, como Tours selecionados e personagens históricos te apresentando fatos, gerando uma experiência imersiva de altíssima qualidade, aproveitando a estrutura multimilionária e hiper-realista do jogo de entretenimento.

---

16 Saiba mais em: https://education.minecraft.net/. Acesso em: 26 jan. 2021.

17 Saiba mais em: https://education.minecraft.net/get-started/. Acesso em: 26 jan. 2021.

Relatos
de professores

MATEMÁTICA E THE SIMS 1

Fernandes e Dos Santos Junior (2012) utilizaram o jogo The Sims 1 para abordar tópicos matemáticos. O mais interessante nessa relação é que, em um primeiro momento, não parece óbvio trabalhar matemática por meio de um simulador da vida real.

Os educadores conseguiram encontrar, entre muitos outros, os seguintes princípios pedagógicos a serem abordados no jogo:

1. Localizar e movimentar objetos em mapas, croquis e representações gráficas.
2. Constituir relações entre unidades de medida de tempo e resolver problemas.
3. Deduzir cálculos, perímetro e estimativa de área de figuras planas.
4. Instituir relação com o sistema monetário em situações-problema.

A aplicação por meio do jogo trouxe contexto e foi elogiada pelos estudantes, que disseram que a aula fazia mais sentido e que os conceitos estavam mais fáceis de serem entendidos.

GEOGRAFIA E SIMCITY

Kim e Shin (2015) utilizaram o jogo SimCity em um curso de Geografia Urbana para ilustrar conceitos e desenvolver projetos com os alunos. Cada um podia desenvolver uma cidade no jogo, e depois as cidades foram analisadas.

O jogo trouxe como benefício variar a apresentação do conteúdo, permitindo que outras possibilidades pudessem ser testadas de maneira prática, em um ambiente virtual. Porém, os autores salientam que questões de tempo devem ser analisadas, já que o aprendizado do jogo tem sua curva de aprendizado.

UTILIZANDO O MINECRAFT EM SALA DE AULA

Quis trazer um relato pessoal, pois tive uma experiência muito interessante e marcante utilizando um jogo de entretenimento para educação.

O objetivo era introduzir e aplicar conceitos de circuitos elétricos a partir do jogo Minecraft, além de trabalhar habilidades do século XXI, em uma disciplina do período extracurricular para os alunos do 5º ano do ensino fundamental, a fim de, posteriormente, levar esses conhecimentos para o mundo físico.

Os objetivos de aprendizagem incluíram, dessa forma, tópicos curriculares, a serem exercitados com conhecimentos matemáticos que envolvem medida e noções de física de circuitos elétricos. Sobre habilidades do século XXI, a ideia era exercitar principalmente a colaboração e a empatia dos alunos, orientados com base em problemas ou projetos.

A atividade foi desenvolvida em um período de 5 aulas de 100 minutos, no qual 3 aulas foram utilizadas para os alunos aprenderem e exercitarem os conceitos de circuitos elétricos no Minecraft e, após terem se familiarizado com diversos tipos de dinâmicas com circuitos elétricos, aplicarem esses conhecimentos no mundo real.

A cada possibilidade apresentada pelo professor ou encontrada por eles, tornavam-se perceptíveis os pequenos ciclos de recompensa: eles encontravam ou viam o professor executando algo novo e logo tentavam fazer aquilo funcionar. A cada sucesso, era notável a empolgação e a vontade de mostrar suas conquistas a outros colegas ou para o professor.

FIGURA 4
Ⓐ Ⓑ Testes do Minecraft com circuitos elétricos realizados por alunos.

FONTE: ACERVO PESSOAL.

Com esses conhecimentos, em 100 minutos, os alunos conseguiram desenvolver uma série de circuitos junto às casas que já haviam criado.

A quarta aula foi composta por uma experimentação com circuitos elétricos reais e o planejamento e a execução até o fim da quinta aula de um projeto que envolvesse circuitos elétricos. Os desafios eram sempre contextualizados com situações reais e\ou desafios, propondo que os alunos propusessem estruturas, sistemas ou soluções para algo.

FIGURA 5
Projeto digital (A)
e físico (B)

FONTE:
ACERVO PESSOAL.

No fim das cinco aulas era perceptível como existiam semelhanças entre os projetos digitais e físicos, e como as próprias crianças faziam comparações entre eles. Elas se sentiam bem por terem desenvolvido competências em ambos os ambientes.

Acredito que o ambiente de teste com recursos ilimitados do Minecraft tenha sido crucial para a atividade dar certo. O mundo real tem limitações bem claras, enquanto o digital permitia que o aluno com um simples clique criasse e recriasse diversas estruturas – isso é bastante poderoso!

Por isso, minha maior dica para professores que estejam começando é garantir que tudo esteja organizado antes da aula, para que os alunos em um primeiro momento se sintam confortáveis dentro do jogo e para que as expectativas estejam alinhadas. Dessa forma, eles vão chegar lá e se conectar com a sua proposta, no tempo deles.

AUTORIA de JOGOS NA EDUCAÇÃO

Já falamos um pouco sobre a gamificação, que utiliza elementos de jogos fora do contexto do puro entretenimento, e abordamos os jogos em si, em suas diversas formas, com foco nos educacionais e de entretenimento. Agora, vamos dialogar sobre a autoria de jogos em ambiente educacional.

A autoria de jogos entra como uma proposta de termo para unir uma série de iniciativas que envolvem a criação e a programação de jogos no campo da educação, e recebem vários nomes semelhantes e complementares. Ou seja, em vez de tentar propor mais uma abordagem que envolva a criação de jogos e programação, porque não aproveitar as pesquisas e elementos positivos de tudo que já existe e colocá-los sob um termo guarda-chuva?

Desse modo, autoria de jogos se refere basicamente à criação de jogos como proposta pedagógica, exercitando programação, criação, expressão artística, habilidades do século XXI, entre outros. Na autoria, os alunos não vão interagir com uma gamificação nem jogar um jogo pronto, mas sim experimentar e ter a agência da criação sobre ele.

Essa "agência" é uma ferramenta muito poderosa e coloca o aluno como autor do seu objeto de estudo. Muitos alunos apresentam textos, desenhos, pôsteres, trabalhos dos mais diversos tipos, mas jogos é um pouco raro, não? (Mas seria superlegal se fosse mais comum).

Jogos são uma mídia audiovisual muito potente, pois podem unir elementos de diversas outras mídias. É possível inserir a imagem, o texto, a voz, o vídeo, a animação, tudo funciona dentro dele, e ainda temos a vantagem da camada de interação, da possibilidade de haver uma troca entre o jogo e o jogador.

Além disso, as pessoas gostam de jogar. Resta unir esses jogos em **P**rojetos que despertem **P**aixão, com **P**arcerias e sentimento de diversão (**P**lay ou Aprender Brincando) durante o processo. Não se esqueçam dos 4 Ps da aprendizagem criativa!

Para exemplificar o potencial de uma abordagem embasada em aprendizagem criativa, no ano de 2019, o Colégio Porto Seguro, no aniversário de Martius-Staden, famoso explorador alemão, decidiu que gostaria de chamar atenção para a data e fazer os alunos se envolverem mais. Restava somente saber o formato mais adequado para tanto.

É fato que muitas datas comemorativas ou passam em branco ou muitas pessoas acabam não "ligando muito", pois as abordagens feitas são desinteressantes e não motivam as pessoas a se aproximarem do homenageado. Mas foi aí que veio o pulo do gato!

Os organizadores optaram por fazer uma game jam, formato de evento no qual um jogo é produzido em um número limitado de horas. Tive o prazer de participar com um grupo de alunos do ensino médio técnico do Colégio FECAP e, após um dia inteiro de trabalho, os grupos saíram com vários jogos bem legais. Vocês podem conferir as produções no Itch.io.[1]

E você pode estar se perguntando: "Mas, Murilo, para criar jogos é preciso muita técnica, não? Sua graduação é inclusive em jogos digitais".

Sim e não. Sim, pois jogos daqueles que compramos nas lojas são feitos por profissionais com muita experiência, estudados

---

1 Os jogos estão disponíveis em: https://itch.io/jam/gamejam-m. Acesso em: 26 jan. 2021.

e talentosos. E não, porque depende do que você quer fazer, de qual ferramenta vai usar e de qual o escopo do seu projeto.

Neste evento, os organizadores, de modo muito inteligente, dividiram os primeiros 90 minutos em três workshops:

1. História: para explicar a fundo quem foi Martius-Staden.
2. Dinâmicas de design thinking para a geração de ideias voltadas aos jogos.
3. Game engine: oficina da ferramenta de prototipagem Construct 2.

Desse modo, em 90 minutos garantiu-se que todos os membros ao menos tivessem uma base para a produção daqueles jogos, cabendo a cada grupo explorar maiores possibilidades, dependendo da demanda do projeto. Também assegurou-se que eles soubessem quem seria o homenageado, e como gerariam as ideias. Todos tinham condições de desenvolver a base, o mínimo, cabendo a cada grupo ir além!

Por isso, voltando à pergunta sobre a técnica: "Tudo depende!".

Em game jams organizadas por todo país e pelo mundo trabalham-se vários níveis, temáticas e ferramentas diferentes. Ao passear pela clássica São Paulo Game Jam, da qual participei algumas vezes, era possível se deparar com diversos níveis de produção, de calouros da universidade aos alunos do último ano, grupos formados por profissionais e até entusiastas dos jogos de tabuleiro. Se o seu medo é o de não ter habilidades técnicas suficientes, não se preocupe!

O objetivo de uma game jam é, acima de tudo, criar!

O site Itch.io possui um calendário[2] muito legal de game jams que estão previstas para acontecer no mundo todo.

---

2 Confira as game jams em: https://itch.io/jams. Acesso em: 26 jan. 2021.

Conhecendo o mundo da autoria

Durante a faculdade, sempre me aproximei das questões mais teóricas e artísticas em relação ao jogo, distanciando-me sempre que possível da programação. Porém, após o período de faculdade, ao encontrar ferramentas que tinham programação com um visual descomplicado, descobri afinidade e comecei a entender que programar não era necessariamente um bicho de sete cabeças. A partir daí, os projetos de jogos cresceram aos montes.

Essa ferramenta que me fez mudar de opinião em relação à programação foi o Scratch, desenvolvido pelo MIT, que é um dos programas mais utilizados para aplicar a aprendizagem criativa no mundo. O fato dele ser simples de mexer, gratuito e rodar no navegador de um computador fizeram dele um fenômeno, sendo reconhecido e respeitado ao redor do mundo.

O Scratch se encontra atualmente na versão 3.0, trazendo várias novidades em relação às funções oferecidas e ao seu visual, o que o tornou um recurso mais útil ainda.

FIGURA 1
Captura de tela da interface do Scratch.[3]

---

[3] O Scratch é um projeto da Fundação Scratch em colaboração com o Grupo Lifelong Kindergarten do Media Lab do MIT. Está disponível gratuitamente em: https://scratch.mit.edu/.

Neste capítulo, o Scratch será utilizado como um exemplo constante e recorrente, porque, ao contrário das centenas de ferramentas de gamificação que temos e jogos que ultrapassam milhões de possibilidades, não existem muitas ferramentas no mercado que permitam autoria de jogos de maneira tão facilitada, rodem em navegadores, sejam focadas em educação e tenham uma comunidade de educadores tão ativa. Por isso, o Scratch acaba se tornando uma personificação da autoria de jogos para educação de uma forma geral, tamanha a sua utilidade, sendo difícil falar de um sem falar do outro.

Entre 2017 e 2019, atuei como coordenador de Pesquisa e Desenvolvimento em um espaço maker e lecionava algumas aulas STEAM[4] para ensino fundamental, que continham em sua grade uma boa dose de autoria de jogos e programação, de forma geral.

Muitas escolas que buscam inserir tecnologias diversas, movimento maker, STEAM ou mesmo apenas um pouco de tecnologia começam por programação, uma vez que é uma tecnologia mais acessível, pois os colégios costumam ter laboratórios de informática já instalados, o que acaba sendo um argumento muito favorável à autoria. Como o Scratch roda a partir de um navegador, computadores antigos o rodam sem grandes problemas.

Nesse ponto, a autoria se posiciona de maneira inversa às profundas análises que tínhamos de fazer em relação aos jogos digitais de maneira geral, nos quais precisamos checar valor de compra, instalação, requisitos de máquina, problemas técnicos, entre diversas outras questões. É uma abordagem mais simples, pois a maior parte dos computadores disponíveis em escolas tem suporte para ferramentas como Scratch e Construct 2.

---

4 Sigla para Science, Technology, Engineering, Arts e Math.

SCRATCH E AS FAIXAS ETÁRIAS

Na primeira vez que olhei para o Scratch, fiz um julgamento inicial e achei que a ferramenta serviria talvez para o ensino fundamental, e só. O visual colorido e o gato cartoon me condicionaram a ter aquele julgamento. Você, ao olhar as imagens, pode ter pensado o mesmo. Mas estávamos enganados, bastante enganados.

A primeira surpresa veio ao descobrir que eles foram longe a ponto de quebrar a barreira da escrita, criando uma versão do software chamada Scratch Jr, contando com blocos de programação que possuem símbolos, na ausência da leitura escrita, possibilitando que crianças pequenas leiam o significado de cada um desses símbolos e façam suas programações.

Então, com o Scratch Jr o problema de aplicá-lo no ensino infantil estaria resolvido. Caso deseje explorar e conhecer a ferramenta, ela está disponível para download[5] para o Chromebooks, celulares e tablets Android e IOS.

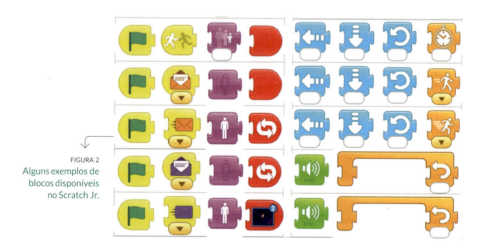

FIGURA 2
Alguns exemplos de blocos disponíveis no Scratch Jr.

---

5 Disponível no link: https://www.scratchjr.org/. Acesso em: 26 nov. 2021.

Em minha experiência pessoal, posso dizer que utilizei o Scratch com alunos de 7 a 60 anos. Isso mesmo! Em uma disciplina no período extracurricular, utilizei o Scratch com alunos do 2º ao 6º ano do ensino fundamental. Já em cursos de extensão oferecidos em universidades e formações de professores, tive contato com educadores de 20 a 60 anos em média, e eles conseguiram utilizar a ferramenta e a replicaram para diversas realidades distintas, do ensino médio até algumas disciplinas introdutórias de graduação.

A grande questão a ser trabalhada é sempre o "como". Projetos bem semelhantes podem ser utilizados por séries e faixas etárias diferentes, dependendo apenas do quanto estamos explorando cada uma delas.

Neste momento, a taxonomia de Bloom é uma ferramenta útil para que eu possa me explicar com maior clareza.

FIGURA 3
Taxonomia de Bloom (1956).

CONHECIMENTO	COMPREENSÃO	APLICAÇÃO	ANÁLISE	SÍNTESE	AVALIAÇÃO
					Ajuizar
				Armar	Apreciar
			Analisar	Articular	Avaliar
		Aplicar	Calcular	Compor	Eliminar
Descrever	Demonstrar	Classificar	Constituir	Escolher
Apontar	Discutir	Dramatizar	Comparar	Coordenar	Estimar
Arrolar	Esclarecer	Empregar	Contrastar	Criar	Julgar
Definir	Examinar	Ilustrar	Criticar	Dirigir	Ordenar
Enunciar	Explicar	Interpretar	Debater	Reunir	Preferir
Inscrever	Expressar	Inventariar	Diferenciar	Formular	Selecionar
Marcar	Identificar	Manipular	Distinguir	Organizar	Taxar
Recordar	Localizar	Praticar	Examinar	Planejar	Validar
Registrar	Narrar	Traçar	Provar	Prestar	Valorizar
Relatar	Reafirmar	Usar	Investigar	Propor	
Repetir	Traduzir		Experimentar	Esquematizar	
Sublinhar	Transcrever				
Nomear					

A taxonomia de Bloom classifica, por meio de seus verbos e categorias, níveis diferentes de profundidade e proficiência relativos à aprendizagem. Sendo assim, projetos semelhantes podem ser utilizados ao longo de diversas séries, porém com objetivos em níveis muito distintos.

Como exemplo, um jogo de futebol feito por um terceiro ano do ensino fundamental pode focar em localizar e identificar blocos úteis para criar movimentação e praticar expressão artística com esses alunos.

Já a mesma ideia de jogo com um sexto ano pode se amparar em conceitos matemáticos de eixo cartesiano (entre outros) para promover uma programação mais desenvolvida, por meio da qual os alunos vão ter de interpretar o que querem criar, manipular os blocos, analisar cenários, debater hipóteses de funcionamentos e investigar algumas possibilidades.

Viu a diferença?

Um professor de gramática poderia se concentrar no aspecto do texto, e um professor de artes em um cenário rico e detalhado; contextos diferentes terão necessidades diferentes.

Em minhas aulas STEAM, como ocorriam no ensino extracurricular, eu criava um mix de conteúdo baseado na BNCC (Base Nacional Comum Curricular) e na matriz de referência do INEP, tentando entender as possíveis conexões que poderiam ser feitas com disciplinas.

É importante salientar, no entanto, que o Scratch pode ser trabalhado com disciplinas da grade curricular, na produção de protótipos funcionais ou exemplificando conceitos em formato de jogos, já que muitas explicações podem ser melhoradas com o estímulo visual, pois alguns conteúdos teóricos são difíceis de entender apenas com textos e imagens estáticas.

O que a autoria de jogos desenvolve?

Nesta seção, vamos conversar sobre todos os benefícios desse tipo de abordagem chamada autoria de jogos.

Primeiro, é necessário salientar o ensino baseado em projetos, metodologia que contextualiza e envolve os alunos por meio de um problema, de um desafio para desenvolver algo maior, que está sempre presente – e trata-se de uma metodologia que vejo ser utilizada constantemente nos cursos de ensino médio técnico e graduação nos quais leciono, ou seja, é uma cultura muito importante de nutrir nos jovens desde cedo.

É notável o desenvolvimento de uma série de habilidades do século XXI durante a execução desses projetos. Existem muitos erros e problemas a serem resolvidos, então caso o aluno não desenvolva perseverança, algum nível de autodidatismo, curiosidade e iniciativa de procurar o que já foi feito, análise dos problemas, comunicação, cooperação e a capacidade de resolver problemas, dificilmente ele seguirá em frente com o projeto. Essas são apenas algumas das habilidades cognitivas, intrapessoais e interpessoais do século XXI que são exercidas na autoria de jogos.

Dialogamos anteriormente sobre essas habilidades, e o professor pode propor situações-problema para a criação de jogos que levem os alunos a desenvolver mais algumas dessas habilidades, em específico. Ao colocar duplas para trabalhar, por exemplo, a cooperação, a comunicação e a escuta ativa podem ter um papel importante para que o projeto ande, não é mesmo?

Caso queira relembrar as habilidades do século XXI, falamos delas no tópico sobre Gamificação na Educação.

Outra área de desenvolvimento é a computação criativa, que envolve a conexão entre nós e os computadores, a partir de projetos criativos, imaginativos, baseados em nossos interesses.

> *A Computação Criativa enfatiza a expressão pessoal acima do aprimoramento técnico quando trabalha com computação, especialmente com jovens e crianças. Sua proposta é fazer com que jovens e crianças não sejam apenas consumidores de computadores, mas designers e criadores. A computação criativa enfatiza o conhecimento, as práticas e as aprendizagens fundamentais que os jovens precisam para criar tipos de espaços dinâmicos e interativos que podem aproveitar em seu dia a dia.* (RODEGHIERO; BURD, 2020)

Para auxiliar um professor que queira inserir a computação criativa dentro de sua sala de aula, Harvard desenvolveu um currículo escolar[6] detalhado, com planos, atividades e estratégias.

Também estamos ajudando a criar uma geração de pessoas que tem familiaridade com ferramentas de criação. Hoje consumimos muitos conteúdos em dispositivos portáteis, mas muito do conteúdo consumido via mobile ainda é, e será por um bom tempo, produzido em computadores. Desse modo, é interessante que esses alunos continuem tendo familiaridade com os equipamentos, desenvolvendo o pensamento computacional – competência denominada por Mitchel Resnick de fluência computacional.

> *É comum que alguns pesquisadores utilizem mais o termo Fluência Computacional do que Pensamento Computacional [PC]. Mitchel Resnick explica que isso significa dar mais destaque à habilidade de se expressar criativamente por meio de tecnologias digitais do que focar somente no entendimento*

---

6 Acesse o currículo em: http://scratched.gse.harvard.edu/guide/. Acesso em: 6 out. 2020.

*de conceitos computacionais e estratégias
de resolução de problemas – como é o PC.
Para a aprendizagem criativa, assim como a
computação criativa, é muito importante que
crianças e jovens se desenvolvam como criadores
computacionais da mesma forma que pensadores
computacionais.* (RODEGHIERO; BURD, 2020)

Educar indivíduos para desenvolver habilidade em programação é sem dúvida um dos grandes e mais citados argumentos sobre porque aprender esse tipo de ferramenta. Considerando o mercado de trabalho atual e um futuro próximo, existe uma perspectiva muito positiva para profissionais que lidem com programação em diferentes níveis.

E pode não parecer, principalmente se o setor em que você trabalha atualmente não é muito digitalizado, mas qualquer profissional que trabalhe em uma área com presença maior de digitalização vai entender o que estou querendo dizer. O mundo apresenta cada dia mais sistemas, que devem ser programados por profissionais competentes, muitas vezes em falta no mercado.

Pare um minuto para pensar. Nos últimos 15 anos surgiram quantos aparelhos com algum nível de programação? E quantos desses aparelhos permitem que você programe algumas das características deles?

Estima-se que muitos dos profissionais que estamos formando atualmente estão estudando para profissões que não existirão daqui a 10 anos (INFOMONEY, 2017) , um dado que aquece a discussão sobre aprendizado de novas habilidades, como a programação, ciência que pode se estender a inúmeros campos, como a área médica, financeira ou de entretenimento. Para onde olhamos existem possibilidades.

A demanda por profissionais específicos de inteligência artificial no mercado fez com que universidades, como a PUC-SP, e instituições de ensino técnico, como a FECAP, por exemplo, criassem cursos relacionados a esse tema.

Dominar programação talvez se torne uma competência equivalente a ter domínio do Word, do Excel, ou de inglês, para uma boa parte dos profissionais das próximas gerações. De qualquer modo, mesmo que isso não venha a acontecer, os benefícios incorporados ao seu aprendizado já compensam por si só.

Como artista 3D, algo que eu não poderia deixar de falar é como a expressão artística pode se aliar à autoria de jogos e à programação, afinal, a maior parte dos jogos que você conhece deve ter uma interface visual, certo? É o que nós chamamos de "gráficos".

Toda pessoa tem uma visão artística baseada em tudo que ela consome de cultura, e isso vai influenciar seus gostos e a maneira como ela vai se expressar artisticamente. Ao utilizar o Scratch, é imprescindível deixar que as diferentes visões e perspectivas artísticas fluam e sejam bem recebidas, pois não existe só um estilo estético no mundo, nem só um sinônimo de belo. Deixe os alunos se expressarem por meio da arte – mesmo que o projeto não seja focado na arte, tudo que pode ser visto e tocado tem uma dimensão artística.

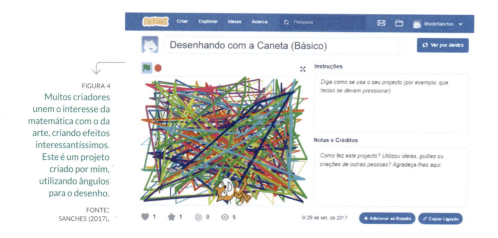

FIGURA 4
Muitos criadores unem o interesse da matemática com o da arte, criando efeitos interessantíssimos. Este é um projeto criado por mim, utilizando ângulos para o desenho.

FONTE: SANCHES (2017).

"Como inserir autoria de jogos na minha aula?"

Essa é uma ótima pergunta, e pode seguir uma resposta padrão: a partir dos baby steps. Você não precisa utilizar a ferramenta em todas as aulas ou durante uma aula inteira; explore-a em um momento específico e oportuno, em que ela pode servir como uma grande facilitadora.

Uma abordagem muito interessante que eu e o Felipe Cavalcanti (professor STEAM e cofundador da Colmeia Educacional) usávamos para dar aulas a pessoas de diferentes faixas etárias era criar a nossa apresentação pessoal com o Scratch. Todo ano e\ou semestre conhecíamos alunos novos, ansiosos ou apreensivos com o que iriam aprender, cheios de energia e com suas expectativas guardadas dentro de si. Como expressar tudo isso? Com uma apresentação pessoal!

FIGURA 5
Para exemplificar, eu me apresentava também utilizando a ferramenta.

Uníamos o útil ao agradável, pois assim conhecíamos os alunos e consequentemente eles acabavam explorando as bases da ferramenta, gerando suas primeiras interações, ainda muito simples, é claro, mas muito valiosas.

Abordagens muito úteis também são as livres experimentações, quando o professor permite pequenos ciclos de liberdade utilizando o software, tendo como única missão criar. Esse momento pode ser seguido por uma série de pequenos desafios, que vão formar um projeto mais complexo lá na frente e permitir que os alunos criem uma base de conhecimento dentro da plataforma. A livre experimentação não é simplesmente deixar o aluno mexendo no software, mas cativá-lo para que ele explore o recurso, faça descobertas e crie com ele. O papel do professor, portanto, deve ser o de orientar e de provocar.

Logo, ambientes educacionais que possuam contraturnos e\ou períodos extracurriculares podem criar oficinas de criação de jogos e utilizar o Scratch como uma ferramenta de alicerce, dando suporte a todas essas produções.

Algumas escolas criam laboratórios e grupos de produção de jogos que se baseiam em Scratch e\ou Construct 2 como ferramenta, dada sua facilidade e quantidade de recursos disponíveis on-line.

Porém, o Scratch pode ir muito além e efetivamente mudar a relação que temos com algumas mídias e assuntos. Quando falo com educadores sobre o Scratch, de uma forma geral, convido-os a pensar de que maneira talvez alguns trabalhos que os alunos são submetidos durante o ano letivo poderiam se tornar uma animação ou um jogo dentro do Scratch.

Fazer um trabalho escrito sobre fósseis de dinossauro talvez não seja tão engajante, mas se os alunos pudessem transformar esse trabalho passivo em uma interação, em um

Quiz, em um jogo com alguma animação, o envolvimento não seria diferente?

Felizmente, caso eu faça uma busca por "trabalho" no Scratch, serão retornados muitos, mas muitos resultados, demonstrando que a ferramenta se tornou uma alternativa viável de mídia para a realização de atividades em aula.

Alguns alunos fazem trabalhos tão legais que já ouvi relatos de professores que utilizaram e adaptaram recursos de alunos para usar nos anos seguintes, reforçando o caráter colaborativo e criativo da plataforma.

Como a programação e a arte são áreas incrivelmente densas e cheias de possibilidade, vocês verão como os próprios alunos muitas vezes encontrarão soluções e abordagens para problemas que você sequer havia pensado. É um aprendizado contínuo, tanto do lado do aluno, quanto do lado do professor.

Uma das vantagens de estar inserido nesse ecossistema é poder encontrar uma variedade de conteúdo utilizando a barra de pesquisa. O Scratch possui um conceito chamado Remixar, que permite pegar qualquer jogo disponível na plataforma e fazer uma cópia, que pode ser utilizada como base para a versão de outra pessoa, que poderá alterar o que for preciso. O software é totalmente colaborativo e intuitivo.

Assim, caso eu seja um professor de Geografia e queira abordar o tema "aquecimento global", não preciso começar do zero, posso procurar por termos-chave na plataforma e ver se alguém fez algo do gênero antes.

Faça o teste você mesmo! Jogue alguns termos-chave! Pode ser da sua disciplina, nomes de conteúdo, termos abordados... o que vale aqui é observar tudo que o que já existe disponível. Procure!

Quando encontrar algo que chame a sua atenção, experimente um pouco com o jogo, e o remixe (copie) para sua própria conta. Dessa maneira você está salvando uma versão editável, que você poderá mudar e usar à vontade em suas aulas.

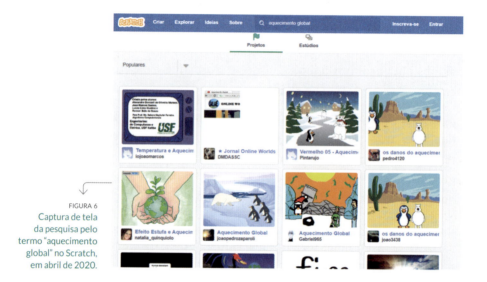

FIGURA 6
Captura de tela da pesquisa pelo termo "aquecimento global" no Scratch, em abril de 2020.

É possível ainda organizar diversos projetos em pastas, que recebem o nome de *Estúdios* no Scratch. Então, você pode ter estúdios temáticos, por turmas, por projetos, etc.

Geralmente, quando faço um projeto em sala de aula, gosto de criar um estúdio para ele, assim fica fácil de encontrar quando quiser ver ou mexer em algum daqueles projetos. Outras pessoas podem encontrar o seu estúdio, pois como se pode notar na **figura 6**, a pesquisa pode ser feita por projetos ou estúdios. A ideia do estúdio também é muito válida em game jams, workshops, cursos e diversos outros formatos. Explore!

Ganhando conforto com as ferramentas

Ao meu ver, uma das maiores inseguranças dos educadores que se sentiam atraídos a usar a autoria de jogos em ambientes educacionais era não conseguir dominar a ferramenta, e não só a ferramenta em específico, mas não ter conhecimento em programação, arte, design de jogos e áreas adjacentes.

E, mesmo com os baby steps, indo passo a passo, ganhando confiança no uso da abordagem, é natural que os educadores ainda queiram um referencial técnico maior, para que possam avançar em suas habilidades. Felizmente o Scratch pensou nisso!

Quando clicamos em *Criar* no Scratch e somos levados ao seu editor, na barra superior existe um botão escrito "Tutoriais" com um ícone muito sugestivo, uma lâmpada acesa, fazendo alusão que ali é um lugar de ideias. Dentro dessa aba é possível encontrar um acervo bem longo de tutoriais. Lá você vai aprender a fazer alguns tipos de jogos, criar sprites, programações e usar alguns efeitos. Os tutoriais são bem simples e contam com gifs e vídeos para te auxiliar.

No site do Scratch, na seção *Acerca*, podemos encontrar conteúdo para educadores. Existe um guia oficial[7] em inglês que apresenta diversas abordagens com sugestões de planos de aula, para que professores possam se inspirar e/ou seguir. No site também é possível encontrar uns cartões[8] de projetos para impressão que podem ser distribuídos em sala de aula, incentivando os alunos a explorar e escolher seus projetos de maneira livre e autônoma, o que já fica como uma sugestão para um educador que não faça ideia de como começar.

---

7 Disponível em: https://resources.scratch.mit.edu/www/guides/en/EducatorGuidesAll.pdf. Acesso em: 26 jan. 2021.

8 Disponível em: https://resources.scratch.mit.edu/www/cards/en/scratch-cards-all.pdf. Acesso em: 26 jan. 2021.

Além desses, existem outros tantos materiais incríveis, muitos deles gratuitos. Por exemplo, a Rede Brasileira de Aprendizagem Criativa,[9] lançou em janeiro de 2020 o Guia de Recursos do Scratch para Educadores.[10]

Algo que também sempre me ajudou muito nas aulas, assim como outros professores e meus próprios alunos, foram os templates de projetos. Um template nada mais é do que a base de um projeto que qualquer pessoa pode utilizar posteriormente.

Esses templates eu criava a partir de um tema, bloco, tipo de jogo ou abordagem. Eles ficavam salvos na minha conta, porém abertos para que qualquer pessoa pudesse acessá-lo ao clicar em meu perfil.

Com eles, eu tinha uma coleção de projetos base para utilizar em minhas aulas, conseguindo criar planejamentos melhores, vislumbrando mais possibilidades, já que a cada dia eu possuía mais templates, além de eu poder verificar como que eu havia feito algo a qualquer momento.

Uma abordagem que se mostrou muito produtiva ao longo do tempo foi fazer trocas de planejamentos e projetos com outros professores, que passam por experiências diferentes em sala de aula, trabalhando com conteúdos bem distintos. Por isso, compartilhem suas experiências!

Eles serviam também como uma base aos alunos, pois eles possuíam uma estrutura onde poderiam iniciar o trabalho, sem ser necessário começar do zero necessariamente sempre, podendo usar como base ou referência o template criado. Ou seja, versatilidade em sua forma mais pura!

---

9 Saiba mais em: https://aprendizagemcriativa.org/. Acesso em: 26 jan. 2021.

10 Disponível em: https://porvir.org/guia-traz-orientacoes-para-professores-se-aprofundarem-no-scratch/. Acesso em: 26 jan. 2021.

FIGURA 7
Template de um projeto utilizado com o Fundamental I e II, em Scratch.

FONTE: SANCHES (2018).

Ficou interessado nos templates? Existem vários disponíveis em minha conta no Scratch,[11] basta acessá-la e remixar (fazer uma cópia). Processo fácil, intuitivo e open-source!

COMUNIDADE SCRATCH

Todo ano o MIT convida toda a comunidade de usuários do Scratch a participar do Scratch Day, um evento que ocorre ao mesmo tempo no mundo todo, geralmente entre os meses de maio e abril (mas eles encorajam que você promova eventos em qualquer data que quiser).

Escolas, espaços makers, fablabs e comunidades criativas desenvolvem diversas atividades, focadas em educadores, jovens, pessoas criativas e no público em geral. Participei em 2017 de um Scratch Day e nos anos posteriores organizei as atividades em um espaço maker com oficinas para educadores, e as trocas foram sempre muito valiosas. É fascinante como as pessoas conseguem fazer tantas coisas diferentes e ainda sim, de algum modo, complementares.

---

11 Confira os templates em: https://scratch.mit.edu/users/MuriloSanches/. Acesso em 26 jan. 2021.

No ano de 2020, em virtude do isolamento social provocado pelo Covid-19, organizei junto ao Felipe Cavalcanti uma versão digital do evento para a empresa em que trabalho. A proposta era muito simples e consistia em compartilhar um projeto feito em Scratch, independentemente da complexidade: o que importava era fazer e compartilhar. O evento acabou durando um mês, em vez de apenas um dia, contando com uma série de conteúdos[12] sobre o Scratch para auxiliar os professores em suas criações.

Viu? Às vezes pensamos que esse tipo de abordagem está muito distante da nossa realidade, ou que é simplesmente impossível, mas o que importa é que seja criado um espaço seguro, em que tanto você quanto seus alunos se sintam bem para criar e explorar. Caso queira organizar um Scratch Day, basta se registrar no site oficial.[13]

Scratch e suas conexões

Como um curioso maker que sou, não poderia simplesmente ignorar aqui as possibilidades de interação e controle que o Scratch oferece. Nós já entendemos que é possível criar jogos dentro dele, mas quanto às tecnologias empregadas e ao controle desses jogos, o que dá para ser feito?

Muito!

Um dos maiores acertos do Scratch são suas conexões com placas de programação, interação e kits de robótica. Uma das mais famosas é o Makey Makey, que permite que criemos controles para esses jogos com objetos condutores de energia do mundo real. Seja uma massinha, seja uma banana – isso mesmo que você leu, uma banana!

---

12 Saiba mais em: https://www.linkedin.com/company/colmeia-educacional/?viewA Member=true. Acesso em: 26 jan. 2021.

13 Site do Scratch Day: https://day.scratch.mit.edu/. Acesso em: 26 jan. 2021.

Isso cria conexões para que de um momento para outro o Scratch seja utilizado junto a circuitos elétricos e computação física, outras duas grandes áreas do movimento maker.

Em uma mostra, fiz uma parceria com o professor Felipe Cavalcanti, na qual eu programei um jogo estilo Flappy Bird e ele criou os controles com o Makey Makey, um jogo digital controlado por um controle físico, um projeto que poderia ter sido feito em um contexto escolar sem problema algum.

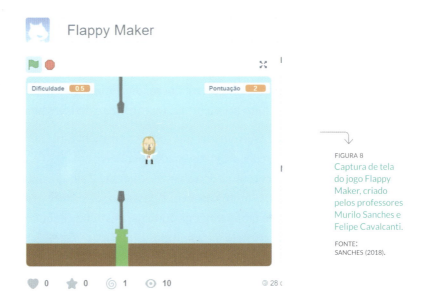

FIGURA 8
Captura de tela do jogo Flappy Maker, criado pelos professores Murilo Sanches e Felipe Cavalcanti.

FONTE:
SANCHES (2018).

FIGURA 9
O controle (em vermelho), pelo qual, a partir de socos, era possível interagir com o jogo Flappy Maker, via notebook.

FONTE:
ACERVO PESSOAL.

E ALÉM DO SCRATCH?

O Scratch acaba se destacando por seu pioneirismo e protagonismo na cena educacional, mas existem contextos em que você pode desejar utilizar algo diferente e mais parrudo, e para isso há outras ferramentas.

Caso você procure algo um pouco mais instrucional e que misture a dinâmica de autoria com a dinâmica de jogo propriamente dita, o Code.org[14] pode ser uma ótima solução. Ela é uma plataforma gratuita dedicada a ensinar programação para jovens do mundo todo e faz isso por meio de franquias famosas, como Angry Birds, Plants vs Zombies, Minecraft, entre muitos outros.

Recentemente, eles adicionaram um editor muito versátil, que lembra o Scratch e possui uma infinidade de blocos, misturando muito bem a programação em texto e em blocos.

Outra ferramenta que me vem em mente é o Construct 2. Ela é uma engine de jogos criada pela Scirra em 2013 e, apesar de já existir a versão 3 do software, a versão 2 ainda é extremamente popular. O motivo principal dessa popularidade se dá pela existência de uma licença gratuita para estudantes que popularizou o software pelo mundo todo.

Conheci o Construct 2 ainda na graduação, e foi a partir dele que fiz algumas das primeiras brincadeiras que envolviam a criação de jogos educativos, de forma extremamente simples, para ir aprendendo as ferramentas. Um deles foi o Soma, um jogo que exibia cálculos matemáticos simples na tela, sendo necessário apenas escolher uma das opções possíveis. Ele foi criado em 2015 como teste e está disponível on-line até hoje.[15]

De forma geral, quanto mais possibilidades um software oferecer, mais complicado ele será. Para criarmos camadas de complexidade, precisamos de uma ferramenta que permita essa

---

14 Saiba mais em: https://studio.code.org/home. Acesso em: 26 jan. 2021.

15 Jogue o Soma em: https://musanches.itch.io/soma. Acesso em 26 jan. 2021.

criação, além de maior disponibilidade para aprender a utilizar todos os seus recursos, é claro. Desse modo, uma ferramenta como o Construct 2 é acessível, mas terá uma curva de aprendizado maior e uma limitação de faixa etária, principalmente em relação aos primeiros anos do ensino fundamental.

O Construct ainda utiliza elementos de programação visual e por blocos, porém apresentando mais opções. Ele também conta com alguns templates de gêneros de jogos, então é possível encontrar a base de um jogo de plataforma pronto, por exemplo, algo semelhante ao que eu fazia no Scratch, mas nesse caso como algo padrão da plataforma.

Existem outras tantas ferramentas de criação de jogos, algumas fáceis de mexer, como o Scratch, mas não tão populares e que não contam com uma comunidade tão ativa, e outras com níveis de complexidade bem maiores, como as game engines profissionais – Unity[16] e Unreal Engine[17] são alguns exemplos.

Caso deseje ter alguns termos-chave para a procura, fique de olho em engines como a Godot, GameMaker Studio e RPG Maker.

Há também uma grande possibilidade de que o jogo que você joga no seu console de videogame ou no seu celular tenha sido feito nessas ferramentas de autoria, em razão dos recursos que oferecem.

---

16 Saiba mais sobre a Unity em: https://unity.com/pt. Acesso em: 26 jan. 2021.

17 Saiba mais sobre a Unreal Engine em: https://www.unrealengine.com/en-US/ . Acesso em: 26 jan. 2021.

Relatos de professores

PROGRAMANDO UMA CASA COM SCRATCH

<< >>

Felipe Cavalcanti Brasil, graduado em engenharia física pela Universidade Estadual de Mato Grosso do Sul (UEMS), graduando em licenciatura em física e pedagogia e especializando-se em educação e tecnologias, pela Universidade Federal de São Carlos (UFSCar). Experiência como educador maker e STEAM e gerente de projetos educacionais em espaços maker. Atualmente, é professor STEAM no Colégio São Luís e cofundador e diretor da Colmeia Educacional.

<< >>

Trabalhando com metodologias ativas, aprendizagem baseada em projetos e autoria de jogos, essa atividade surgiu em um colégio com poucos recursos em termos de ferramentas e materiais. Com isso, a ferramenta escolhida foi o Scratch, que permite trabalhar desde o raciocínio lógico e o pensamento computacional até as habilidades do século XXI e as *soft skills*, pois o planejamento e desenvolvimento de cada projeto não era feito sozinho, e sim em pares. Havia, sim, momentos como o de reflexão e de autoavaliação, que exigiam uma atividade individual, mas não eram muito frequentes, afinal, quando se avalia um projeto, é muito mais valioso e importante focar no desenvolvimento do aluno, tanto na ferramenta quanto na interação com os demais colegas. Todos esses pontos são possíveis de serem trabalhados por meio da ferramenta Scratch, e foram explorados neste projeto.

A atividade consistiu em discutir com os alunos a seguinte questão: "O que é uma casa automatizada?". A partir daí iniciou-se um debate sobre automatização e a importância da programação nos tempos atuais. De acordo com a faixa etária, essa conversa exige mais analogias para tornar algo mais lúdico ou maior aprofundamento para apresentar mais desafios, pois isso requer conhecer um pouco sobre o assunto também. Após a pergunta norteadora, houve algumas aulas para introdução da ferramenta, para que os alunos pudessem se familiarizar com o Scratch e com a programação por blocos, de forma a tornar possível a execução dessa atividade, que se baseia em programações simples e conjuntos de blocos com cerca de cinco itens apenas. O foco maior da atividade não era a programação em si, e sim a criatividade do aluno, na criação de um roteiro com os elementos que deveriam aparecer e com os personagens que iriam atuar, sendo um carro entrando e saindo da garagem, uma porta ou janela abrindo e fechando, pessoas passando pelas janelas ou até mesmo a luz da casa acendendo ou apagando. Com isso, a atenção do aluno voltava-se aos elementos como um todo, trabalhando e interagindo de forma orgânica com eles, não focando apenas no aprofundamento de um único personagem. A parte artística também estava muito presente neste projeto, pois é preciso que o aluno se atente às camadas que os personagens se sobrepõem, quem fica na frente e quem fica no fundo, e o porquê disso. Eles refletem também sobre o que deve ser *ator* e o que deve ser *plano de fundo*, além de poderem desenhar, mudar as cores e adicionar detalhes nos personagens já existentes, ou criar os seus próprios. Feito isso, é construída uma narrativa em cima da programação, podendo ser feita no próprio Scratch, por meio dos blocos de fala e de texto, ou com o aluno mesmo narrando e acionando os comandos nos devidos momentos, dando vida ao projeto.

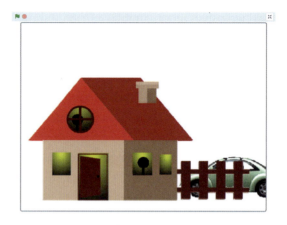

FIGURA 10
Projeto de automação no Scratch criado pelo professor Felipe Cavalcanti.

FONTE: CAVAL27 (2018).

A atividade foi baseada no conceito de "piso baixo e teto alto", ou seja, é uma atividade que permite uma fácil adesão, pois as demandas são de baixa complexidade, então até mesmo iniciantes são capazes de entregar o protótipo que é pedido, mesmo que com menos detalhes e pouco aprofundamento, mas ainda assim funcional. Para os mais avançados e curiosos entra a parte do "teto alto", pois não é uma atividade fechada com critérios máximos e mínimos que o aluno tenha de seguir, não se trata de um tutorial de montagem, a atividade parte de uma provocação, portanto permite que, quem tiver interesse e facilidade possa se aprofundar cada vez mais no projeto, adicionando detalhes que enriquecem mais a proposta, deixando cada vez mais realista a interação entre o usuário e o protótipo ou primeiro produto. Acima de tudo, o importante é que os alunos são sempre incentivados a pedirem e oferecerem ajuda, de tal forma que todos entrem juntos e ninguém fique para trás.

Para os educadores que tiverem interesse em aplicar a atividade, as sugestões são bem simples. Primeiramente, domine a ferramenta: você não precisa ser um expert e conhecer cada detalhe do Scratch, apenas é necessário que entenda a estrutura da plataforma e saiba o mínimo para orientar seu aluno durante as dúvidas que podem surgir, o que leva ao segundo ponto: nunca resolva algo pelo seu aluno. Quando surgirem dúvidas, faça perguntas que o levem a refletir sobre as possibilidades de solução; quando surgirem dificuldades, faça perguntas que guiem a atenção dele para um determinado conjunto de blocos que faça sentido no projeto. Tenha em mente também que o professor não precisa saber de tudo, portanto nunca tenha receio de falar que não sabe de algo, mas se atente aos seus alunos e veja quem está evoluindo mais e em qual área do projeto, para que possa orientá-los a pedir ajuda aos colegas. E, por fim, não tenha pressa, siga o ritmo da turma, não os apresse apenas para ter algo a ser apresentado, dê pequenos passos, valorize o desenvolvimento e a evolução de cada aluno, faça rodas de conversa sobre como eles estão evoluindo, abra momentos para eles falarem sobre as dificuldades que estão enfrentando, sobre sentimentos que vivenciaram durante a atividade e também sobre as conquistas das quais eles sentem orgulho. Valorize toda a trajetória, não apenas o resultado final.

DESENVOLVIMENTO DE JOGOS UTILIZANDO O SCRATCH COMO INSTRUMENTO DE AVALIAÇÃO

<< >>

Nathan Rabinovitch é licenciado em física pela Universidade de São Paulo (USP). Depois de atuar como professor de matemática no ensino fundamental 2, especializou-se no desenvolvimento de materiais e currículos educacionais que integrem tecnologia, artes, criatividade e conteúdo curricular escolar. Trabalha como consultor maker educacional e colaborador do LSI-TEC (Laboratório de Sistemas Integráveis Tecnológicos), da USP.

<< >>

O objetivo da atividade era utilizar o Scratch como instrumento de avaliação de alunos do ensino fundamental 1 e 2, considerando o desenvolvimento de jogos autorais com conteúdos curriculares.

Nessa atividade, utilizamos o Scratch para avaliar os conceitos e conteúdos assimilados pelos nossos alunos durante uma sequência didática de ciências do 4º ano do ensino fundamental, cujo tema foi o ciclo da água. Não faremos aqui a discussão sobre os conteúdos e metodologias utilizados durante as aulas, mas sim debateremos a utilização da linguagem de programação Scratch como possibilidade de avaliação, a partir do desenvolvimento de jogos e projetos interativos.

No início da sequência didática sobre o ciclo da água ficou combinado que, ao final do processo, os alunos iriam desenvolver jogos com os assuntos abordados nas aulas. Nesse momento, apresentamos aos alunos a plataforma Scratch e perguntamos a eles quantos a conheciam. No nosso caso, alguns já haviam visto e desenvolvido projetos simples com a programação em blocos, mas para a grande maioria a plataforma era uma novidade. Foi muito importante fazer essa pergunta no início das aulas, pois nos deu tempo de planejar alguns momentos no final da sequência didática para eles explorarem e brincarem um pouco no ambiente virtual, antes de começar o projeto avaliativo. Terminados os encontros voltados ao tema principal das aulas, começamos a desenvolver os jogos.

Em um primeiro momento, dividimos os alunos em trios e apresentamos as possibilidades de jogos, conforme a descrição a seguir:

1. **Quiz:** jogo de perguntas e respostas com múltiplas escolhas (A, B, C e D). Foram utilizados os blocos *Pergunte e espere* e *Resposta* na categoria de blocos *Sensores*.

2. **Jogo com narrativa:** jogo com um personagem que se movimenta pelo *Palco* utilizando as setas direcionais e que, de acordo com a interação com outros *Atores*, muda sua fantasia, fala alguma coisa com o bloco *Diga* ou faz algum som ou música com os blocos da categoria *Som*.

3. **Jogo de clicar:** jogo composto por um cenário interativo, no qual os *Atores* interagem com o cursor do mouse, ao serem clicados ou tocados por ele.

Para cada uma das sugestões, mostramos um exemplo de jogo e a estrutura lógica de blocos que compunham o programa, deixando claro para que serviam cada um dos blocos e como funcionava a lógica de programação em cada caso. A partir dessa exposição, os grupos decidiam qual caminho iriam seguir. Ao final do desenvolvimento dos jogos, realizamos uma mostra sobre o ciclo da água, com todos os projetos abertos nos computadores ao mesmo tempo, com a possibilidade de a turma inteira experimentar o que os colegas haviam criado. Para realizar o feedback dos projetos, colocamos caixas de papelão perto de cada computador, de forma que cada aluno que experimentasse um jogo de um colega pudesse escrever se gostou ou não e fazer uma crítica construtiva sobre a experiência que tinha tido. A avaliação e a nota atribuída a cada projeto se deram a partir da explicação que cada grupo fez sobre seu jogo e dos conteúdos e conceitos presentes nos projetos, levando em conta se estavam certos ou não.

Gostaria de ressaltar que essa atividade pode funcionar muito bem com alunos de outras idades e com temas de outras disciplinas. O Scratch foi utilizado como ferramenta para desenvolver um projeto, sendo possível adaptar os jogos para qualquer assunto ou tema.

Também acredito que a atividade deu certo porque tomamos alguns cuidados em seu desenvolvimento. Por exemplo, criamos um espaço no qual os alunos pudessem desenvolver projetos a partir dos seus interesses e da forma que consideravam mais relevante. Eles tiveram liberdade de criação e criatividade ao longo do processo.

Outro aspecto importante é o fato de o Scratch permitir que alunos comecem projetos sem grandes dificuldades ("pisos baixos"), podendo aumentar a complexidade até onde desejarem ("tetos altos") e criando jogos diferentes uns dos outros, com as suas próprias identidades ("paredes amplas").

Trabalhar com o Scratch costuma gerar entusiasmo por parte dos alunos, por isso é importante ouvir as ideias que forem surgindo, por mais malucas e não convencionais que sejam, e dar a liberdade de eles testarem e aprenderem no processo, a partir dos próprios erros. Mesmo que a solução proposta por eles seja um "beco sem saída", o processo e a possibilidade de errar e testar novas hipóteses de soluções de forma autônoma e colaborativa abre espaço para eles se desenvolverem de uma forma mais ampla.

A FASE DO CHEFÃO

O que é um bom jogo sem aquele desafio? Sem clímax? Sem momentos marcantes e dificuldades? Em sua jornada, o educador muito provavelmente terá de enfrentar a fase do chefão, que, como nos jogos, é a mais difícil!

Em todas essas abordagens, algumas situações semelhantes tendem a aparecer, problemas emergem, então resolvi, tal como naqueles famosos guias antigos que ensinavam você a "zerar" um jogo, tentar antecipá-los a vocês.

Iremos a seguir desmistificar algumas crenças que podem dificultar a adoção dos jogos em sala de aula, como a associação dos jogos à violência e a ideia de que não são algo sério. Por fim, refletiremos sobre como trabalhar a avaliação dos alunos, considerando o desempenho deles nos jogos.

Chefão 1: a violência

A temida violência é uma questão que se apresenta em muitos argumentos contrários ao uso de jogos; caiu no senso comum dizer que jogos incitam a violência. A mídia, de maneira geral, pouco auxilia na construção de uma imagem positiva, caindo no sensacionalismo.

O livro *Game over: jogos e violência* é uma das maiores fontes de informação sobre esse tema, atacando os pontos centrais das

discussões. Alves (2005), em relação aos crimes relacionados a jogos, comenta que as associações realizadas são reducionistas, na medida em que a violência não pode ser compreendida mediante recortes convenientes a um ou outro grupo.

Alves (2005) discorre longamente sobre como jogos podem servir como método de catarse, permitindo que pessoas com potenciais comportamentos destrutivos minimizem essas tendências por meio dos jogos. É possível destacar uma série de pesquisas recentes que combatem a ideia de jogos como incentivadores e causadores de violência e crimes.

Soma-se a isso um estudo conduzido na Inglaterra, entre 2003 e 2013, que não encontrou evidências contundentes capazes de associar o gameplay de jogos a problemas de violência real. (PARKES, 2013)

Nos EUA, a ocorrência de episódios violentos envolvendo jovens de 12 a 15 anos está diminuindo desde 1997, quando foi lançada a primeira versão do GTA – um dos jogos que, supostamente, estimulam a agressividade. Algo semelhante vem sendo constatado no Japão. (SIMON, 2016).

Além disso, em qualquer situação que considere a abordagem dos jogos no contexto de violência, é interessante lembrar que jogos com classificação indicativa de 16 anos apenas serão utilizados para as últimas séries do ensino médio, e aqueles com classificação de 18 anos sequer terão espaço em ambiente escolar. Apenas jogos com as classificações de 16 e de 18 anos costumam contemplar essa violência gráfica e visceral. E a própria classificação indicativa manteria os jovens distantes destes títulos.

Chefão 2: jogos são brincadeira

Não vou negar nunca que jogos podem ser uma brincadeira, algo divertido, que lembram lazer e entretenimento. Acredito que isso esteja claro para todos nós e, resgatando as teorias de

Huizinga que embasaram o começo da obra, devemos lembrar que o jogo tem um fator cultural inerente à sociedade seríssimo. E este é um ótimo argumento:

> *O jogo é de fato mais antigo que a cultura, pois esta, mesmo em suas definições mais rigorosas, pressupõe sempre a sociedade humana; mas, os animais não esperaram que os homens os iniciassem na atividade lúdica.* (HUIZINGA, 2005)

E para os mais descrentes no poder lúdico dos jogos, devemos trazer novamente o conceito do círculo mágico, retomando como esse clima de brincadeira é imersivo e engajante para quem está vivendo a experiência.

> *O caráter especial e excepcional de um jogo é ilustrado de maneira flagrante pelo ar de mistério em que frequentemente se envolve. (...) Dentro do círculo mágico, as leis e costumes da vida quotidiana perdem validade.* (HUIZINGA,2005)

E sobre a repercussão do círculo mágico em nossa percepção:

> *Então, quando saímos deste círculo mágico, temos toda a nossa percepção sobre o assunto alterada pela imersão e pelas experiências vivenciadas dentro dele. É como se enxergássemos, quase que inconscientemente, novas maneiras de entender um tema ou resolver um problema.* (OPHUSPERE, 2014)

Desse modo, é possível explicar que a experiência de jogo pode impulsionar uma imersão em um determinado assunto, assim como são usados filmes, livros e museus para o aprendizado de certos tópicos.

Chefão 3:
A avaliação

Talvez um dos piores chefões, a avaliação arrepia os cabelos de muitos professores, pois eles têm dificuldade de entender como podem avaliar uma experiência de jogo, afinal, ela difere, e muito, de uma avaliação tradicional.

A avaliação aparece muitas vezes como uma cobrança de gestores e coordenadores, e acaba colocando uma pressão muito grande sobre o planejamento do professor, que já tem pontos suficientes para se preocupar.

Algo que parece óbvio, mas não é, é saber o que se quer avaliar, pois essa lógica se aplica a qualquer tipo de avaliação, seja tradicional, seja baseada em jogos, seja em qualquer outro tipo de entrega.

O educador pode desenvolver, por exemplo, um formato de *checklist* com suas próprias rubricas de avaliação, anotando-se o que pode ajudar a classificar e avaliar os grupos, de modo geral.

Elas podem ser utilizadas em contextos diferentes, para avaliação pelo professor, tanto presencial quanto à distância, e também para dinâmicas de autoavaliação e avaliação em grupos. (BIAGIOTTI, 2005)

Em relação aos tipos de rubricas, podemos defini-las como holísticas e analíticas. De maneira simples, a visão holística vê o trabalho como um todo, de forma integral; já a rubrica analítica dedica-se a dividir os tópicos separadamente para serem analisados.

Em minha experiência pessoal, dediquei-me a criar rubricas analíticas, que se pareciam com tabelas, onde para uma atividade com autoria de Jogos eu criava pontos como: "conseguiu criar uma mecânica de andar para o personagem", "desenvolveu um cenário e personagens" ou "utilizou recursos de maneira criativa" e cada um desses atributos, poderiam ser avaliados como insatisfatórios, satisfatórios e muito satisfatórios. As rubricas, assim como todo resto, vão melhorando com o tempo e com as necessidades que o professor sente. Uma ótima referência de leitura sobre rubricas é o artigo: *Conhecendo e aplicando rubricas em avaliações.* (BIAGIOTTI, 2005)

Em alguns workshops e aulas, utilizei a plataforma de quizzes interativos Kahoot,[1] que possibilita criar interação com os alunos por meio de questões de múltipla escolha, em sequência. No fim das questões, o Kahoot te mostra a pontuação de cada um, porém cabe a você mostrá-la ou não. Muitas vezes, guardei essa informação comigo, utilizando os dados para entender como eles estavam em relação a um assunto, como uma checagem, que me trazia diversos dados importantes, já que desse modo é possível saber o que as pessoas estão errando mais e retrabalhar os problemas. Kahoot é uma ferramenta tão completa que permite que os resultados sejam salvos e exportados para outros formatos.

O Kahoot permite que o aluno use o nome que quiser; desse modo, o professor pode deixar explícito que, caso os alunos se sintam mais confortáveis, eles podem usar apelidos e outros nomes não reconhecíveis, não sendo expostos. Ou aproveitando-se o contexto de gamificação, pode-se pedir para que cada aluno crie um avatar, um personagem ou uma alcunha com a qual eles se identifiquem.

Públicos mais velhos tendem a lidar melhor com pontuações: no contexto adulto e de ensino superior, é possível usar os pontos sem grandes restrições – para a aplicação em qualquer contexto em que se trabalhe com pontos, o professor precisa trabalhar o erro como parte do processo, e as pessoas que por acaso se posicionem abaixo da média na pontuação, devem ter uma noção clara do papel do erro.

---

1 Você pode saber mais sobre o Kahoot em: https://kahoot.com/. Acesso em: 26 jan. 2021.

FIM DE JOGO

Nem só de chefões, desafios, diversas missões e pontos é feita essa trajetória: em meio a tudo isso encontramos também muito prazer. Acima de tudo, você, educador, ao utilizar algum ou todos os tipos de metodologia descritos, vai encontrar algo nostálgico, incrível e com poder de mudar as relações entre alunos e professores.

É importante buscar diversão, é essencial que sejamos jogadores nesse processo também e que estejamos abertos a tudo o que pode acontecer durante as aulas e aos aprendizados que os alunos podem trazer, afinal, a sala de aula é um espaço de troca.

Por fim, é importante entender e reiterar que não existe metodologia melhor do que a outra, mas um educador pode acabar tendo maior afinidade com alguma delas por uma série de motivos. A única maneira de saber que abordagens você vai preferir ou quais vão se encaixar melhor na sua aula é realizando estudos e testes, algo que este livro o convida constantemente a fazer.

Bom jogo a todos!

REFERÊNCIAS

ABT, C. C. Serious games. Lanhan: University press of America, 1987.

ALDRICH, C. Learning by doing: A comprehensive guide to simulations, computer games, and pedagogy in e-learning and other educational experiences. Hoboken: John Wiley & Sons, 2005.

ALVES, L. Game over: jogos eletrônicos e violência. São Paulo: Futura, 2005.

ALVES, L. Jogos eletrônicos e violência: um caleidoscópio de imagens. Revista da FAEEBA-Educação e Contemporaneidade, Salvador, v. 13, n. 22, p. 365-373, 2004.

ANDRADE, M.; SILVA, C.; OLIVEIRA, T. Desenvolvendo games e aprendendo matemática utilizando o Scratch. Simpósio Brasileiro de Jogos e Entretenimento Digital. São Paulo, p. 260-263, 2013.

ARAÚJO, I. Habitica: gamifique as suas aulas. Apps para dispositivos móveis: manual para professores, formadores e bibliotecários, 2015. Disponível em: https://core.ac.uk/download/pdf/43588723.pdf. Acesso em: 8 out. 2020.

ARNOLD, R. et al. Análise de gamificação em redes sociais gamificadas. Teknos Revista Científica, v. 16, n. 2, p. 77-84, 2016.

ASSASSIN´S Creed Valhalla. Trailer do jogo. YouTube. Disponível em: https://www.youtube.com/watch?v=Ny6aL-Dhiv4. Acesso em: 26 jan. 2021.

AYRES, M. Game thinking: conceitos e possibilidades de aplicação. 25 set. 2016. Disponível em: https://pt.slideshare.net/ayres86/game-thinking-conceitos-e-possibilidades-de-aplicacao. Acesso em: 13 nov. 2020.

BAKAR, A.; INAL, Y.; CAGILTAY, K. Use of commercial games for educational purposes: Will today's teacher candidates use them in the future? In: **EdMedia**: World Conference on Educational Media and Technology. Association for the Advancement of Computing in Education (AACE), p. 1757-1762, 2006.

BARTLE, R. A. **Hearts, clubs, diamonds, spades: players who suit MUDs**. jun. 1996. Disponível em: https://www.researchgate.net/publication/247190693_Hearts_clubs_diamonds_spades_Players_who_suit_MUDs. Acesso em: 8 mar. 2021.

BARTOLI, V. F. Estudo sobre gamificação na educação. 55 f. Monografia (Especialização em MBA em tecnologia da Informação Executivo) - Universidade Federal do Rio de Janeiro, Rio de Janeiro, 2017.

BIAGIOTTI, L. C. B. Conhecendo e aplicando rubricas em avaliações. In: **Congresso Brasileiro de Educação a Distância**. 2005. Disponível em: http://www.abed.org.br/congresso2005/por/pdf/007tcf5.pdf. Acesso em: 26 jan. 2021.

BLOOM, Benjamin S. et al. **Taxonomy of educational objectives**. Vol. 1: Cognitive domain. New York: McKay, v. 20, p. 24, 1956.

BRAZIL, A.; BARUQUE, L. Gamificação aplicada na graduação em jogos digitais. In: **Brazilian Symposium on Computers in Education**. 2015. p. 677.

CAROLEI, P.; BRUNO, G. Da S.; ROCHA, N. R. B. C. Controvérsias entre agência e competência na adoção de jogos eletrônicos no ensino de ciências. **Enseñanza de las ciencias**, n. Extra, p. 705-710, 2017.

CAVAL27. Casa automatizada. **Scratch**, 2 maio 2018. Disponível em: https://scratch.mit.edu/projects/214934927/. Acesso em: 22 jan. 2021.

CECATTO, D. A. F. **Jogos digitais para ensinar história**. Disponível em: https://www.jogosdehistoria.net/. Acesso em: 26 jan. 2021.

CECATTO, D. A. F. Site de curadoria em jogos digitais no ensino de História. **Anais do Seminário de Jogos Eletrônicos, Educação e Comunicação**, v. 3, n. 1, 2019.

CHOU, Y. Gamification & behavioral design. Disponível em: https://yukaichou.com/gamification-examples/. Acesso em: 22 jan. 2021.

CHOU, Y. Actionable gamification: beyond points, badges, and leaderboards. California: Octalysis Media, 2015.

CHOU, Y. The 10 Best Productivity Apps that use Gamification in 2021. Site institucional. Disponível em: https://yukaichou.com/lifestyle-gamification/the-top-ten-gamified-productivity-apps/ . Acesso em 05 fev. 2020.

CODE. Site institucional. Disponível em: https://studio.code.org/home. Acesso em: 26 jan. 2021.

COMMON SENSE EDUCATION. Make any game educational. Common Sense Education, 2018. Disponível em: https://d1e2bohyu2u2w9.cloudfront.net/sites/default/files/tlr-asset/document-cheatsheetgbl.pdf. Acesso em: 26 jan. 2021.

COMMON SENSE EDUCATION. Site institucional. Disponível em: https://www.commonsense.org/education/. Acesso em: 26 jan. 2021.

CONNECTED LEARNING ALLIANCE. Institute of Play. Disponível em: https://clalliance.org/institute-of-play/. Acesso em: 22 jan. 2021.

CRAWFORD, C. The art of computer game design. Berkeley: McGraw-Hill/Osborne Media, 1984.

CSIKSZENTMIHALYI. M. Flow: the psychology of optimal experience. Nova York: Harper Perennial Modern Classics edition, 1990.

CSIKSZENTMIHALYI, M. Fluidez, o segredo da felicidade. TED. Disponível em: https://www.ted.com/talks/mihaly_csikszentmihalyi_flow_the_secret_to_happiness?language=pt-BR. Acesso em: 22 jan. 2021.

DE SOUZA, L. A.; DE OLIVEIRA, M. E. R.; NIETO, R. Os aplicativos móveis como aliados no processo de ensino-aprendizagem. Environments. ACM, p. 9-15, 2011.

DETERDING, S. et al. From game design elements to gamefulness: defining gamification. In: Proceedings of the 15th international academic MindTrek conference: Envisioning future media environments. Set. 2011. Disponível em: https://www.researchgate.net/publication/230854710_From_Game_Design_Elements_to_Gamefulness_Defining_Gamification. Acesso em: 8 out. 2020.

DINO. 95% da população brasileira não fala inglês. Terra, 28 ago. 2018. Disponível em: https://www.terra.com.br/noticias/dino/95-da-populacao-brasileira-nao-fala-ingles,9f848f68ed451de99742216570b7ccf9gc7gj8du.html. Acesso em: 27 jan. 2021.

DONDI, C.; MORETTI, M. A methodological proposal for learning games selection and quality assessment. British Journal of Educational Technology, v. 38, n. 3, p. 502-512, 2007.

DUOLINGO. Site institucional. Disponível em: https://www.duolingo.com/. Acesso em: 21 jan. 2021.

EQUIPE INFOMONEY. 60% dos jovens estão aprendendo profissões que vão deixar de existir. Infomoney, 2017. Disponível em: https://www.infomoney.com.br/carreira/emprego/noticia/6333456/dos-jovens-estao-aprendendo-profissoes-que-vao-deixar-existir. Acesso em: 27 jan. 2021.

FADEL, L. M. et al. Gamificação na educação. São Paulo: Pimenta Cultural, p. 15-75, 2014.

FERNANDES, R. J. G.; SANTOS JUNIOR, G. The sims: jogo computacional como uma ferramenta pedagógica na construção do conhecimento matemático. Revista Eletrônica TECCEN, v. 5, n. 1, p. 21-36, 2012.

FU, F-L; SU, R-C; YU, S-C. EGameFlow: A scale to measure learners' enjoyment of e-learning games. Computers & Education, v. 52, n. 1, p. 101-112, 2009.

GAMIFICATION Market 2020-2024. The adoption of gamification in e-learning to boost growth: Technavio. Business Wire, 12 mar. 2020. Disponível em: https://finance.yahoo.com/news/gamification-market-2020-2024-adoption-030000109.html. Acesso em: 27 jan. 2021.

GAROFALO, D. Dicas e exemplos para levar a gamificação para a sala de aula. Nova Escola, 29 jan. 2019. Disponível em: https://novaescola.org.br/conteudo/15426/dicas-e-exemplos-para-levar-a-gamificacao-para-a-sala-de-aula. Acesso em: 27 jan. 2021.

GEE, J. P. Good video games and good learning: Collected essays on video games, learning, and literacy. Bern: Peter Lang, 2007.

GEE, J. P. What video games have to teach us about learning and literacy. Computers in Entertainment (CIE), v. 1, n. 1, p. 20-20, 2003.

GEOGRAFIA VISUAL. Site institucional. Disponível em: https://geografiavisual.com.br/categoria/games. Acesso em: 26 jan. 2021.

GOMES, C. M. EDMODO: uma plataforma educativa para explorar. Apps para dispositivos móveis: manual para professores, formadores e bibliotecários, dez. 2015. Disponível em: https://erte.dge.mec.pt/sites/default/files/Recursos/Estudos/apps_dispositivos_moveis2016.pdf. Acesso em: 27 jan. 2021.

GOMES, P. Conheça as competências para o século 21. Porvir, 14 ago. 2012. Disponível em: https://porvir.org/conheca-competencias-para-seculo-21/. Acesso em: 26 jan. 2021.

GREGOLIN, M. V.; MEDEIROS, L. Jogos digitais no aprendizado de conceitos matemáticos: o desafio da escolha pelo professor. Plures Humanidades, v. 18, n. 2, 2017.

GROK. Site institucional. Disponível em: https://jogogrok.com/. Acesso em: 22 jan. 2021.

HAMARI, J.; TUUNANEN, J. Player types: A meta-synthesis. 2014.

HSIN-YUAN H., W.; SOMAN, D. A practitioner's guide to gamification of education. Rotman School of Management, University of Toronto, 2013.

HUIZINGA, J. Homo ludens: el juego y la cultura. Madrid: Fondo de Cultura Económica de España, 2005.

ITCH.IO. Game Jams on itch.io. Site institucional. Disponível em: https://itch.io/jams. Acesso em: 26 jan. 2021.

JESUS, A. M.; SILVEIRA, I. F. Gamificação do ensino de desenvolvimento de jogos digitais por meio de uma rede social educacional. Proceedings of SBGames2018, Foz do Iguaçu, 2018. p. 1088-1096. Disponível em: https://www.researchgate.net/profile/Angelo_Jesus/

publication/340793873_Gamificacao_do_Ensino_de_Desenvolvimento_de_Jogos_Digitais_por_meio_de_uma_Rede_Social_Educacional/links/5e9e1a4f92851c2f52b612fc/Gamificacao-do-Ensino-de-Desenvolvimento-de-Jogos-Digitais-por-meio-de-uma-Rede-Social-Educacional.pdf. Acesso em: 27 jan. 2021.

JUNIOR, A.; VIEIRA, F.; LACERDA, M. Reflexões sobre avaliação de games educacionais. **Anais do Seminário de Jogos Eletrônicos, Educação e Comunicação**, v. 2, n. 2, 2017. Disponível em: https://www.revistas.uneb.br/index.php/sjec/article/view/3547. Acesso em: 27 jan. 2021.

KIM, M., & Shin, J. The Pedagogical Benefits of SimCity in Urban Geography Education. **Journal of Geography**, 115(2), p. 39-50, 2015.

KNOLSKAPE. A brief history on gamification. Site institucional. 4 jun. 2015. Disponível em: https://www.knolskape.com/brief-history-gamification. Acesso em: 8 nov. 2020.

KUMAR, J.; HERGER, M;. DAM, R. F. Bartle's player types for gamification. **Interaction Design Foundation**. Disponível em: https://www.interaction-design.org/literature/article/bartle-s-player-types-for-gamification. Acesso em: 27 jan. 2021.

LEAL, M. Qual o seu perfil de jogador? **Site institucional**. Disponível em: https://www.marcelleal.com.br/qual-o-seu-perfil-de-jogador/. Acesso em: 22 jan. 2021.

LUDO EDUCATIVO. **Site institucional**. Disponível em: https://www.ludoeducativo.com.br/pt/games. Acesso em: 26 jan. 2021.

MAKEY MAKEY. **Site institucional**. Disponível em: https://makeymakey.com/. Acesso em: 26 jan. 2021.

MANGO HEALTH. **Site institucional**. Disponível em: https://www.mangohealth.com/. Acesso em: 22 jan. 2021.

MARIOTTI, J. 30% das crianças entre 4 e 6 anos já têm smartphone. **Consumidor Moderno**, 19 nov. 2019. Disponível em: https://www.consumidormoderno.com.br/2019/11/19/criancas-ganham-smartphones-mais-jovens/. Acesso em: 26 jan. 2021.

MARTIUS-STADEN. Gamejam, 13 abr. 2019. Itch.io. Disponível em: https://itch.io/jam/gamejam-m. Acesso em: 26 jan. 2021.

MATTAR, J. Games em educação: como os nativos digitais aprendem. São Paulo: Pearson Prentice Hall, 2010.

MEDEIROS, M; SCHIMIGUEL, J. Uma abordagem para avaliação de jogos educativos: ênfase no ensino fundamental. RENOTE – Revista Novas Tecnologias na Educação, 17 dez. 2012.

MERGE. Paper cube. Disponível em: https://www.plan.lib.fl.us/files/MergePaperCube.pdf. Acesso em; 26 jan. 2021.

MINECRAFT EDUCATION EDITION. Site institucional. Disponível em: https://education.minecraft.net/. Acesso em: 26 jan. 2021.

MOHAMED, H.; YUSOFF, R.; JAAFAR, A. Quantitative analysis in a heuristic evaluation for usability of educational computer game (UsaECG). In: 2012 International Conference on Information Retrieval & Knowledge Management. IEEE, 2012. p. 187-192. Disponível em: https://www.academia.edu/2439231/Quantitive_analysis_in_a_heuristic_evaluation_for_Usability_of_Educational_Computer_Game_UsaECG_. Acesso em: 27 jan. 2021.

MOITA, F. M. G. S. C. et al. Angry Birds como contexto digital educativo para ensino e aprendizagem de conceitos matemáticos: relato de um projeto. SBC-Proceedings of SBGames, p. 121, 2013.

MONTGOMERY, B. Is the educational games industry falling into the same trap it did 20 years ago? 2016. EdSurge, 7 fev. 2016. Disponível em: https://www.edsurge.com/news/2016-02-07-is-the-educational-games-industry-falling-into-the-same-trap-it-did-20-years-ago. Acesso em: 27 jan. 2021.

NATIONAL RESEARCH COUNCIL et al. Education for life and work: Developing transferable knowledge and skills in the 21st century. Washington: National Academies Press, 2012.

NESBIT, J. C.; BELFER, K.; LEACOCK, T. Learning object review instrument (LORI). E-learning research and assessment network, 2003.

Disponível em: https://www.academia.edu/7927907/Learning_Object_Review_Instrument_LORI_. Acesso em: 27 jan. 2021.

OLIVEIRA, V. Guia traz orientações para professores se aprofundarem no Scratch. **Porvir**. Disponível em: https://porvir.org/guia-traz-orientacoes-para-professores-se-aprofundarem-no-scratch/. Acesso em: 26 jan. 2021.

OPUSPHERE. O círculo mágico no aprendizado. **Opusphere**, dez, 2014. Disponível em: http://opusphere.com/o-circulo-magico-no-aprendizado/. Acesso em: 27 jan. 2021.

PARKES, A. et al. Do television and electronic games predict children's psychosocial adjustment? Longitudinal research using the UK Millennium Cohort Study. **Archives of disease in childhood**. v. 98, n. 5, p. 341-348, 2013. Disponível em: https://www.researchgate.net/publication/236081525_Do_television_and_electronic_games_predict_children's_psychosocial_adjustment_Longitudinal_research_using_the_UK_Millennium_Cohort_Study. Acesso em: 08 out. 2020.

PEELING, N. The (short) prehistory of gamification... **Funding Startups (& other impossibilities)**, 9 ago. 2011. Disponível em: https://nanodome.wordpress.com/2011/08/09/the-short-prehistory-of-gamification/. Acesso em: 27 jan. 2021.

PERRY, G. T. et al. Necessidades específicas do design de jogos educacionais. **SBGames**. 2007, p. 7-9, 2007.

PRENSKY, M. **Don't bother me, Mom, I'm learning!**: How computer and video games are preparing your kids for 21st century success and how you can help!. St. Paul: Paragon house, 2006.

QUEST TO LEARN. **Site institucional**. Disponível em: https://www.q2l.org. Acesso em: 22 jan. 2021.

RAMOS, S. G. M.; RAMOS, M. A. V. Boy or girl? Planejando um objeto de aprendizagem digital no teded. **Educação em Análise**, v. 4, n. 1, p. 116-135, 2019.

RBAC – Rede Brasileira de Aprendizagem Criativa. Site institucional. Disponível em: https://aprendizagemcriativa.org/. Acesso em: 26 jan. 2021.

READER Rabbit. In: Wikipédia: a enciclopédia livre. Disponível em: https://en.wikipedia.org/wiki/Reader_Rabbit. Acesso em: 26 jan. 2021.

RESNICK, M.; ROBINSON, K. Lifelong kindergarten: Cultivating creativity through projects, passion, peers, and play. Cambridge: MIT press, 2017.

RODEGHIERO, C; BURD, L. Guia de recursos do Scratch para educadores. Rede Brasileira de Aprendizagem Criativa. 2020. Disponível em: https://porvir-prod.s3.amazonaws.com/wp-content/uploads/2020/01/17173522/Guide_ScratchEducadores_RBAC.pdf. Acesso em: 27 jan. 2021.

ROSSATO, M. T. Plataforma EDMODO no ensino da arte: dinamizando a aprendizagem colaborativa. 2012. 68 f. Trabalho de conclusão de curso.

ROY, G. This War of Mine: Human Survival and the Ethics of Care, 27 jul. 2016. Disponível em: https://www.playthepast.org/?p=5618. Acesso em: 22 jan. 2021.

SÁ, L. A Educação Infantil como referência para a todas as etapas. Nova Escola, 14 nov. 2017. Disponível em: https://novaescola.org.br/conteudo/7127/a-educacao-infantil-como-referencia-para-a-todas-as-etapas-e-para-a-vida. Acesso em: 16 de fev de 2020.

SANCHES, M. H. B. Desenhando com a caneta (básico). Scratch, 29 set. 2017. Disponível em: https://scratch.mit.edu/projects/177293035/. Acesso em: 22 jan. 2021.

SANCHES, M. H. B. Flappy maker. Scratch, 28 nov. 2018. Disponível em: https://scratch.mit.edu/projects/265859300/. Acesso em: 07 out. 2020.

SANCHES, M. H. B. Perfil. Scratch, Disponível em: https://scratch.mit.edu/users/MuriloSanches/. Acesso em 26 jan. 2021.

SANCHES, M. H. B. Jogo de coleta [sensores, clones e variáveis]. **Scratch**, 08 maio 2018. Disponível em: https://scratch.mit.edu/projects/220794839/. Acesso em: 06 out. 2020.

SANCHES, M. H. B. et al. **Jogos de entretenimento no ciclo educacional básico:** critérios de aplicação e desenvolvimento de competências e habilidades. 2019. Dissertação de mestrado. Pontifícia Universidade Católica de São Paulo. Disponível em: https://tede2.pucsp.br/handle/handle/22711. Acesso em: 08 out. 2020.

SÁPIRAS, F. S.; DALLA VECCHIA, R.; MALTEMPI, M. V. Utilização do Scratch em sala de aula – Using Scratch in the classroom. **Educação Matemática Pesquisa: Revista do Programa de Estudos Pós-Graduados em Educação Matemática**, v. 17, n. 5, p. 973-988, 2015.

SAVI, R.; ULBRICHT, V. R. Jogos digitais educacionais: benefícios e desafios. **RENOTE-Revista Novas Tecnologias na Educação**, v. 6, n. 1, 2008.

SCRATCH. Educator Guides. **Site institucional**. Disponivel em: https://resources.scratch.mit.edu/www/guides/en/EducatorGuidesAll.pdf. Acesso em: 26 jan. 2021.

SCRATCH. Guia dos educadores. **Site institucional**. Disponível em: https://resources.scratch.mit.edu/www/cards/en/scratch-cards-all.pdf. Acesso em: 26 jan. 2021.

SCRATCH JR. **Site institucional**. Disponível em: https://www.scratchjr.org/. Acesso em: 26 nov. 2021.

SEIXAS, L. da R. **A efetividade de mecânicas de gamificação sobre o engajamento de alunos do ensino fundamental**. 2014. Dissertação de mestrado. Universidade Federal de Pernambuco.

SHIEBER, J. Videogame revenue tops $43 billion in 2018, an 18% jump from 2017. **Techcrunch**, 22 jan. 2019. Disponível em: https://techcrunch.com/2019/01/22/video-game-revenue-tops-43-billion-in-2018-an-18-jump-from-2017/. Acesso em: 22 jan. 2021.

SHULER, C. **What Happened to the Edutainment Industry? A Case Study**. 2 out. 2012. Disponível em: https://joanganzcooneycenter.org/2012/10/02/what-happened-to-the-edutainment-industry-a-case-study/. Acesso em: 13 maio 2018.

SILVA, A. P. et al. **Gamificação para melhoria do engajamento no ensino médio integrado**. Centro de Estudos em Sistemas Avançados do Recife, CESAR, Brasil, 2015.

SILVA, W. et al. Xadrez nas escolas. **Projeto da Fundação Cultural de Curitiba.** Curitiba, 1997.

SIMON, G. Videogames não provocam violência infantil. **Superinteressante**, 31 out. 2016. Disponível em: https://super.abril.com.br/comportamento/videogames-nao-provocam-violencia-infantil/. Acesso em: 10 mar. 2020.

SMITH, E. Total edutainment forever. **Tedium**, 9 maio 2019. Disponível em: https://tedium.co/2019/05/09/edutainment-math-blaster-chocolate-covered-broccoli/. Acesso em: 22 jan. 2021.

STANFORD D. SCHOOL. Tools for taking action. **Portal Stanford d. School**. Disponível em: https://dschool.stanford.edu/resources. Acesso em: 22 jan. 2021.

SWEETSER, P.; WYETH, P. GameFlow: a model for evaluating player enjoyment in games. **Computers in Entertainment (CIE)**, v. 3, n. 3, p. 3-3, 2005.

TEACHTHOUGHT STAFF. The difference between gamification and game-based learning. **Teach Thought.** 4 abr. 2014. Disponível em: http://www.teachthought.com/learning/difference-gamification-game-based-learning/. Acesso em: 08 out. 2020.

TREES FOR THE FUTURE. **Site institucional**. Disponível em: https://trees.org/sponsor/forest-app/. Acesso em: 26 jan. 2021.

UNITY. **Site institucional**. Disponível em: https://unity.com/pt. Acesso em: 26 jan. 2021.

UNREAL ENGINE. **Site institucional**. Disponível em: https://www.unrealengine.com/en-US/. Acesso em: 26 jan. 2021.

VIEGAS, A. Metodologias ativas: como essa tendência pode beneficiar as práticas pedagógicas? **Somospar**. 7 fev. 2019. Disponível em: https://www.somospar.com.br/metodologias-ativas-como-essa-tendencia-pode-beneficiar-as-praticas-pedagogicas/#:~:text=As%20metodologias%20ativas%20s%C3%A3o%20modelos,o%20processo%20educativo%20%C3%A9%20melhorado. Acesso em: 10 nov. 2020.

VOLKSWAGEN. The fun theory 1 – Piano staircase initiative. **YouTube**. Disponível em: https://www.youtube.com/watch?v=SByymar3bds. Acesso em: 22 jan. 2021.

WERBACH, K.; HUNTER, D. **For the win**: How game thinking can revolutionize your business. Pennsylvania: Wharton Digital Press, 2012.

YU-GI-OH! Lista de cards. Disponível em: https://www.db.yugioh-card.com/yugiohdb/card_list.action. Acesso em: 22 jan. 2021.

ZICHERMANN, G.; CUNNINGHAM, C. **Gamification by design**: Implementing game mechanics in web and mobile apps. Sebastopol: O'Reilly Media, Inc., 2011.